いざというときに困らない

すぐに役立つ大人のマナーブック

マナー講師
尾形圭子 監修

家の光協会

自分とまわりが
気持ちよく過ごすために

「マナー」とは、人と人が気持ちよく過ごすために、みなが共有しているある種の思いやり、気くばりです。「ルール」と違って、絶対に守らねばならない！ ということはありませんが、マナーを知っていればマナーを通してあなたが相手を

尊重し、敬意を払っていることを伝えられます。そして、真心が伝わるなら、あなたの人間関係や社会生活はとても幸せなものになるはずです。

冠婚葬祭のセレモニー、親戚や友人との会食など、大人として、きちんとしたマナーを求められる場面は突然やってきます。うろ覚えだったばかりに自信を持てず、消極的な振る舞いにならないよう、本書を通して身に付けておきましょう。

マナーは時代とともに移り変わるものですので、自信のある方が読んでも、本書はきっと役に立つはずです。基本はもちろん、「感じがよい」と思ってもらえるワンランク上のポイントも紹介していますので、ぜひ参考にしてみてください。

目次

Part 1 冠婚葬祭のマナー......7

自分とまわりが気持ちよく過ごすために......6

真心を込めて......2

結婚式

招待状に返信する......8

ご祝儀を用意する......10

結婚式の服装......12

披露宴の受付・ふくさ......14

披露宴での過ごし方......16

乾杯の音頭・スピーチを頼まれたら......18

COLUMN ❶ 結婚＆出産祝い......20

お葬式

訃報が届いたら......22

香典ほか準備するもの......24

通夜・葬儀での受付......26

通夜・葬儀の進行、焼香の仕方......28

仏式以外の参列方法......30

葬儀後のお悔やみ......32

身内に不幸があったとき......34

COLUMN ❷ 法事の流れ......36

Part 2 食事のマナー......37

外食する

会食時の服装......38

洋食店でのふるまい方......40

洋食でのマナー......42

和食でのマナー......44

会食する

会食時の気配り......46

COLUMN ❸ おひらきの仕方......48

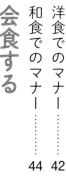

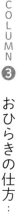

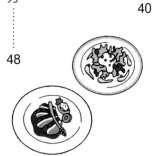

Part 3

人付き合いのマナー …… 49

訪問する

自宅に招かれたら …… 50

手土産を渡す …… 52

上座・下座の考え方 …… 54

引っ越しの挨拶 …… 56

出産時のお見舞い …… 57

会話する

気遣いのある話し方 …… 58

お気を付けて、夫婦間のそのひと言 …… 60

贈り物をする

お中元・お歳暮を贈る …… 62

手紙を送る …… 64

連絡する

電話をかける …… 66

SNSを使う …… 68

失礼のない年賀状じまい …… 70

Part 4

知っておきたいこんなときのマナー …… 71

丸く収める

ご近所にクレームを言われたときの対処法 …… 72

ご近所にクレームを伝えるときのコツ …… 73

お詫びの仕方 …… 74

角の立たない断り方 …… 76

お参りする

神社・お寺の参拝の作法 …… 78

奥付 …… 80

真心を込めて

人々の習慣から成り立った礼儀作法。
それをもとに育まれたマナーは、
人の数だけあるといっても過言ではありません。
しっかり学んだとしても、
困る場面はきっと出てくるはずです。
そんなときは、マナーは
「相手を心地よくするために
生まれたもの」
ということを思い出してください。
どのような形であれ、真心を込めたふるまいは、
きっとお相手に伝わるはずです。

冠婚葬祭の
マナー

結婚式やお葬式など人生において大事なセレモニーでは、守るべき決まりごとがたくさんあります。相手の立場や気持ちを考慮して、その場にふさわしい行動をとりましょう。

招待状に返信する

結婚式や披露宴の招待状を受け取った場合は、たとえ親しい友人であっても、マナーを守ってていねいに返信をしましょう。心のこもったひと言を添えて、お祝いの気持ちを示します。

返信の基本のマナー4つ

1 できるだけ早く返信する

招待状を受け取った日から1週間以内に返信をするのがマナー。即決できないときは、いつまでに返事ができるか連絡しましょう。

2 お祝いの気持ちを表す

出席／欠席をきちんと伝えるのはもちろんですが、お祝いの気持ちを示す心のこもったメッセージを添えるのもマナーです。

3 欠席のときはまず電話を

電話で欠席を詫(わ)びてから返信ハガキを送ります。その場合もお祝いとお詫びのメッセージを。別途お祝いのプレゼントを贈ります。

4 返信後の欠席はすぐに連絡

返信後に急用で欠席する場合は、すぐに電話を。その後お詫びの手紙とご祝儀を送ります。代役を立てる場合は正確な情報を伝えて。

大人の心得

式の準備の大変さを考えた対応を心がけて

単に形式を守るだけではなく、式の準備に大変な先方に対して、迷惑のかからない対応を心がけて。招待状の返信や欠席の連絡などは、早めに先方に伝えることで、式の準備が滞りなく進みます。

返信はがきの書き方

〈表〉

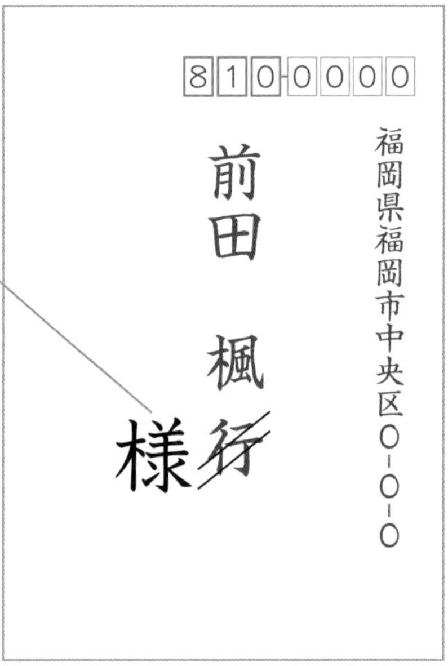

810-0000
福岡県福岡市中央区0-0-0
前田 楓
様 行

「行」を二重線で消して左に「様」と書く

1文字だけ消す場合は、斜線で消すのがマナー。その左側に、宛名よりも少し大きめに「様」と書きましょう。

POINT 縦線は消したかどうかが見づらく、横線は「横刺しにする」という意味になるのでNG。

POINT 2文字以上の文字を消す場合は、縦線で消すのが一般的。

ひと言メッセージを添える

お祝いのメッセージを書き、さらにもうひと言、当日を楽しみにしている気持ちや、忙しい先方をねぎらう気持ちを書き添えます。

例

ご結婚おめでとうございます
喜んで出席させていただきます
〇〇の花嫁姿を楽しみにしています！

結婚おめでとう！
とてもうれしいです
式まで慌ただしいと思いますが
体に気をつけてね

〇〇くん　ご結婚おめでとうございます
お招きありがとうございます
明るく楽しい家庭を築いてくださいね

欠席の場合のメッセージ例

大変残念ですが長期出張中のため
欠席させていただきます
お二人の幸せを心よりお祈りいたします

POINT　病気で欠席する場合は、おめでたいことに水を差さないように、「所用のため」などとにごして書きましょう。

〈裏〉

「御芳」までが敬称なので、縦線で消す。

御出席

~~御欠席~~

ご結婚 おめでとうございます
お二人の晴れ姿を
楽しみにしております

~~御~~住所　福岡県福岡市城南区〇-〇-〇

~~御芳~~名　秋吉美和

NG！

~~御出席~~

御欠席　します
申し訳ありませんが

ご結婚おめでとうございます。
大変残念ですが、
出席できません。

~~御~~住所　福岡県福岡市城南区〇-〇-〇

~~御芳~~名　**秋吉美和**

印字を利用してメッセージを書く
読みづらく気持ちも伝わりにくくなるので、メッセージは別に書きましょう。

句読点を入れる
「区切りをつける」という意味で、「切れる」「終わる」をイメージしてしまうので NG。

否定形を使う
お祝いごとでは否定形の言葉を使うのは避けましょう。

ご祝儀を用意する

ご祝儀は、披露宴だけに出る場合や、招待されたけれど欠席する場合にも、必ず用意しましょう。ルールやマナーを守って、気持ちよく贈りたいですね。

水引は「結び切り」

一度結ぶと引っ張ってもほどけないことから、一度きりで二度と繰り返したくないことに使います。慶弔どちらにも使え、お見舞いや弔事のときにも使われます。

結び切りの変形

あわじ結び
別名「あわび結び」ともいい、固く結ばれることから、よい付き合いが長く続くという意味があります。

輪結び
「結び切り」の「切る」という言葉を避けて、輪にしたもので、慶事や結婚祝いに使います。

NG!

ほどける「蝶結び」は使わない
何度でも結び直せるため、出産など繰り返しあってもいい慶事に。

> **ちょっと豆知識**
>
> **水引は華やかな色に**
> 水引の色は、慶事には紅白、金銀、金赤などの華やかな色を使い、弔事には黒白、黄白、双白などの控えめな色を使います。

金額に合わせて選ぶ

10万円以上
波上のしぼがある檀紙（だんし）の祝儀袋に、松竹梅や鶴亀の飾りがついた金銀の水引など。主賓や仲人などのご祝儀に。

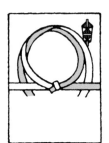

3万〜5万円
金銀の輪結びの水引。招待客のご祝儀の金額としては最も一般的。

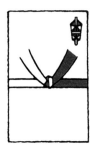

1万〜3万円
紅白か金銀の結び切りの水引。

✦大人の心得

アレンジしすぎるものは避けて

格式の高い白の祝儀袋に、上品でシンプルな水引のついたものは、相手がどんな立場でも通用します。華美にアレンジした祝儀袋は、遊び心を取り入れたい若者向けと心得て。

基本

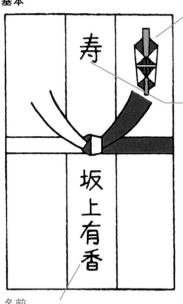

のし 慶事には必ず「のし」のついた祝儀袋を使いましょう。

表書き
上段中央に「寿」「御祝」「御結婚御祝」などと書きます。印刷ではなく手書きが基本。必ず毛筆や筆ペンを使いましょう。

肩書入り
名前の右上にやや小さめに肩書や社名を書きます。

連名（4名以上）
代表者の名前を書き、その左側にやや小さめに「外一同」と書きます。

連名（3名）
連名は3名まで。目上の人から順に右から書きます。

名前
下段中央に名前を書きます。夫婦連名の場合は夫の氏名を中央に書き、夫の名前の左横に妻の名を書きます。

金額の目安
（40代以上の場合）
友人・知人には3万〜5万円、いとこや甥・姪、兄弟姉妹には5万〜10万円が目安です。夫婦で贈る場合はひとり2万〜3万円か、5万円＋プレゼントがおすすめ。

お札の入れ方
新札を、肖像画のある面が中包みの表側になるように、向きをそろえて入れます。

中包みの裏には必ず、住所と名前を書きましょう。

〈裏〉

金参萬円

〈表〉

世田谷区若林○／○／○
坂上有香

数字は旧字体で

旧字体	略式
壱	一
弐	二
参	三
伍	五
拾	十
萬	万

✦**大人の心得**

上包みの合わせ方の意味を知ってお祝いの気持ちを込めて包む

上包みは、慶弔によって折り返し部分の合わせ方が違います。慶事は「喜びが上向く」ように下の折り返しを上にして包みます。弔事は合わせ方を逆にして包みます。

ご祝儀の場合

上→下の順に折る。
喜びが上向くように

不祝儀の場合

下→上の順に折る。
悲しみが出ていくように

結婚式の服装

年齢が上がるとともに、服装にも上品さや高級感が求められます。身だしなみにお祝いの気持ちが表れるため、小物やアクセサリーにも気を使いましょう。

洋装

女性

髪
清潔感のあるまとめ髪に。

アクセサリー
パールなど光沢を控えた上品なものを。

バッグ
貴重品など最低限のものが入る小さめのバッグを。

靴・ストッキング
つま先の隠れるヒールのあるパンプスが◎。素足は厳禁です。

上品でシンプルなワンピースかツーピースに。

袖やスカートの丈
露出しすぎない丈のものを。

男性

髪
清潔感のある髪型ですっきりと。

ネクタイ
白または光沢のあるシルバーグレーのネクタイ。

シャツ
白無地で、襟はレギュラーカラーまたはワイドカラーを。

ポケットチーフ
シルクまたは麻製で、白無地のものを。

ビジネススーツはNG。色が濃く上品に見える、上質なブラックスーツかダークスーツを選びましょう。

靴・靴下
黒の革靴でシンプルなデザインのものを。靴下は黒に。

NG!

白いドレスや喪服を連想する黒のみの服装は、結婚式にふさわしくありません。露出度の高い派手なドレスや黒や網のタイツ、色のついたストッキングもNG。

✦大人の心得

夫婦で出席するときはさりげなく小物を合わせて

夫がタキシードなら妻はイブニングドレスや和装のように、夫婦で服装の格を合わせましょう。妻のストールと夫のポケットチーフをレースでそろえるなど、さりげなく小物を合わせると、よりおしゃれに。

年代別の着こなしポイント

年齢が上がるごとに、品格と落ち着きのある服装を心がけましょう。

50代以上

ロング丈のワンピースとセットのジャケットがおすすめ。光沢のある生地やレースなど高級感のある素材を選びましょう。

40代

上質な素材のワンピースに、ボレロやジャケットを合わせて上品に。袖は五分丈よりも長いものを選び、肌の露出は控えめにしましょう。

30代

20代と同じデザインの服装は避けて、スカート丈はひざ下のものを選びましょう。アクセサリーや小物で華やかさを演出して。

振袖
姉妹、親戚、友人などの結婚式に着ます。未婚であれば何歳でも着られますが、20代までが一般的。

訪問着・付け下げ
友人や親戚の結婚式に着ます。未婚、既婚どちらでも着られます。

色留袖
姉妹や親戚の結婚式に着ます。未婚、既婚どちらでも着られます。

黒留袖
新郎新婦の母親か、近い親戚（既婚）が着ます。

女性

和装

洋装よりも着るのに手間がかかるため、お祝いの気持ちがより伝わり、格式も上がります。

POINT 格式を重んじる挙式でなければ、訪問着や付け下げでもOK。30代前半は華やかな訪問着がおすすめ。振袖を着たい場合は、年齢にふさわしい落ち着いた色柄のものを。

来賓者が和装をする場合は、新郎や、新郎新婦の父親と間違われないよう、黒以外の色紋付の羽織袴（はおりはかま）がいいでしょう。

男性

披露宴の受付・ふくさ

披露宴に招待されたら、新郎新婦の門出を祝う気持ちをしっかりと持って、マナーに沿って行動しましょう。受付の方にも失礼のない態度でのぞんでください。

余裕をもって到着する

受付をしたり、クロークに荷物を預けたり、身だしなみを整えたりと、披露宴の開始前にはいろいろと時間がかかります。会場には遅くとも30分前に到着しましょう。

✦大人の心得

持ち込むバッグは小さめに

披露宴に大きなバッグを持ち込むのはNG。必要最低限のものが入る小さいバッグだけにして。

受付の流れ

1 「本日はおめでとうございます。新婦の友人の○○と申します」などとお祝いの言葉を伝える。

2 たたんだふくさに祝儀袋を置いて、相手が名前を読めるように向きを変える。

3 「心ばかりのお祝いでございます」と言いながら渡す。

4 記帳をする。

POINT 夫婦で出席する場合は夫が氏名を記帳して、妻の名前を左横に書きましょう。

✦大人の心得

受付での言葉はできるだけシンプルに

受付はたくさんの人が並ぶため、後ろの人を待たせないよう、シンプルな言葉に心を込めましょう。

例
「本日はお招きいただきましてありがとうございます」
「気持ちばかりですが、お納めください」

本日はおめでとうございます

祝儀用は明るい色のものを

赤、朱、えんじ色などの明るい色のふくさを使いましょう。素材はちりめんや絹が一般的です。

一般的なふくさ
布を2枚重ねて縫い合わせたシンプルなもの。

挟みふくさ
財布状のもの。慶事は右開き、弔事は左開きで使う。

台つきふくさ
台がついているため、祝儀袋がしわにならずに持ち運べます。

慶弔によって包み方が違う

ふくさの包み方は慶弔で違います。祝儀袋の上包みの合わせ方（11ページ）と同じく、慶事は上→下の順に包みましょう。

●祝儀の場合

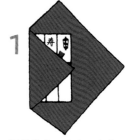

1 祝儀袋をふくさの中央よりやや左に置いて、左側を折る。

2 まず上側を折ってから、下側を折る。

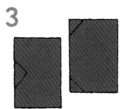

3 最後に右側を折って重ねる。

●不祝儀の場合

1 不祝儀袋をふくさの中央よりやや右に置いて、右側を折る。

2 まず下側を折ってから、上側を折る。

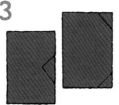

3 最後に左側を折って重ねる。

✦大人の心得

大人なら必ずふくさを使うべき

祝儀袋をそのままバッグに入れたりポケットに入れたりすると、折れたり汚れたりしてしまいます。相手への気持ちを伝えるためにも、祝儀袋は大切にふくさに包みましょう。忘れた場合、ハンカチで代用する方法もありますが、できるだけ避けたいもの。先に受付を済ませた友人などに借りるほうがよいでしょう。

ちょっと豆知識

ふくさは貴重品を入れる包みを簡略化したもの

もともとは祝儀袋を盆にのせて風呂敷で包むのが正式とされており、相手に渡すときには包みをといて、盆の上に祝儀袋を載せていました。現在では簡略化されて、ふくさを使うのが一般的です。

披露宴での過ごし方

新郎新婦が結婚したことをお披露目する披露宴は、双方の出席者のきずなを強める場でもあります。黙々と食事をするのではなく、周囲との会話を大切にしましょう。

パーティー中

バッグは背もたれの間に
床に置いたり椅子の背もたれにかけたりせず、背もたれと背中の間に。

手はテーブルの上に
料理を待っているときは、手をひざに置くよりも、テーブルの上で軽く組むほうが、上品に。

料理が行き渡るのを待つ
同じテーブルの人全員に料理が行き渡るまでは、食事に手をつけないようにしましょう。

スピーチの相手を見て拍手
スピーチが始まったら食事の手を止めて、終了後は必ず拍手を。

食事の速度を周囲に合わせる
食事のスピードはまわりに合わせて「早すぎず遅すぎず」を心がけて。

NG!

披露宴はビジネスの場ではないため、名刺交換は宴の前後や合間に、会場の外で行いましょう。

周囲との会話を楽しむ
テーブルで一緒になった人との縁を大切に、会話を楽しみましょう。

◆大人の心得

食事だけではなく会話を楽しむことが肝心

披露宴はおたがいの親族・友人などとのきずなを強め、ともに新郎新婦を祝う場です。とくに同じテーブルの人たちとは積極的に会話をしましょう。話題は新郎新婦のことが望ましいですが、悪口やうわさ話は絶対に NG です。

料理は品よく並べて
自分が食べきれる量を、料理の間に隙間を少しあけて盛りつけましょう。

夫婦一緒に動くのがベスト
夫婦一緒に自己紹介するほうが、挨拶が一度で済むので、相手の負担が減ります。夫は妻を上手にエスコートしましょう。

バッグは持ち歩く
バッグなどを椅子に置いたままにしないように。紛失のトラブルを避けるためにも、持ち歩きましょう。

お皿とグラスは一緒に持つ
料理を取るためにも、一方の手は空けておきたいもの。そのためお皿とグラスを一緒に持つのが望ましいでしょう。持つのが難しいときは、グラスはテーブルに置いてもOKです。

NG!

料理を取りに一目散に駆け寄る
新しい料理が出るたびに会話を中断して駆け寄るのは避けて。

NG!

椅子に座って黙々と食べる
だれとも会話せず、ひとりで黙々と料理を食べるのはやめましょう。

教えて！Q&A

Q 子連れで披露宴に出る場合は？
事前に出席の許可をもらっていたとしても、披露宴中に子どもが騒いだりぐずったりした場合は、すぐに会場から出ましょう。出入り口に近い席にしてもらったり、授乳室の有無などを会場に確認したりすることも大切です。

Q 会費制パーティーの場合のご祝儀は？
新郎新婦の意向をくんで、受付では会費のみを払い、ご祝儀は渡さないようにしましょう。どうしてもお祝いの気持ちを表したい場合は、別の日にご祝儀やプレゼントを贈りましょう。

Q 披露宴に遅刻しそうな場合は？
新郎新婦のじゃまをしないよう、会場に電話をしましょう。自分の名前、新郎新婦の名前、到着予定時間などを伝えます。友人にも心配をかけないよう、電話やメールで連絡をしておきましょう。

Q アレルギーがあったりお酒が飲めなかったりする場合は？
返信ハガキに「申し訳ありませんが卵アレルギーがありますので（お酒が飲めませんので）ご配慮いただけますと幸いです」などと一筆添えます。親しい間柄なら、事前に新郎新婦に直接伝えてもいいでしょう。

乾杯の音頭・スピーチを頼まれたら

新郎新婦の晴れの日に、乾杯の音頭やスピーチを頼まれるのはとても光栄なこと。特別な用事がない限り、快く受けましょう。

人前での基本の動作

動作は「ゆっくり」「上品に」を心がける
前に出るときやマイクを持つときはあせらずにゆっくりと。背すじは伸ばして。

話が長くなりすぎないように
聞く側は食事の手を止めて話を聞いています。話はコンパクトにまとめましょう。

新郎新婦とのエピソードを入れる
主役をもり立て、間柄を紹介するためにも、新郎新婦とのエピソードを入れましょう。新郎新婦の人柄がわかる、ほほえましい話がおすすめです。

乾杯の音頭の流れ

1 ゆっくりと自己紹介
話す前に一度ゆっくりと全体を見渡すと、落ち着きがあって上品に見えます。その後、「ただいまご紹介にあずかりました、新郎の友人の〇〇と申します」などと自己紹介をします。

2 祝辞を伝える
新郎新婦の方を向いて、「本日はおめでとうございます」と伝え、両家に向けてもお祝いの言葉を述べましょう。新郎新婦が立っている場合は、着席を促してください。

3 短いエピソード
新郎（新婦）を立てる短いエピソードを述べます。最後は「本当にすてきな新婦（新郎）でなによりです」など、相手側にも配慮するひと言を。乾杯後に食事が始まります。お待たせしないよう1～2分で。

4 乾杯の音頭
少し間を置いてから、「それでは皆様、ご唱和をお願いいたします。ご両家のご繁栄と新郎新婦の末長いお幸せをお祈りいたしまして」と言ったあと、やや間を置いてから元気よく「乾杯！」と音頭を取ります。

✦大人の心得

すぐに飲み干さずにまわりと視線を交わして

「乾杯！」とすぐに飲み干さず、ほほえみながら目の高さにグラスを掲げて、まわりの人とアイコンタクトを取ってから、ゆっくりとひと口飲んで静かにグラスを置きましょう。グラスとグラスをぶつけたり、わざわざ遠くの席まで乾杯をしに行ったりしないように。お酒が飲めない人は、グラスに口をつけるまねをするだけでOKです。

スピーチで気を付けたい7つのこと

4 自慢話は言わないように

主役はあくまで新郎新婦なので、自分の自慢話や会社の宣伝はしないように。場を白けさせてしまいます。

5 スピーチは5分以内に収める

「自己紹介→お祝いの言葉→エピソード→門出の言葉」で5分以内に収まるようにしましょう。

6 両家の名字や名前を間違わない

不安な場合は簡単なメモを用意。「緊張している」ではなく、「お二人にお祝いの気持ちを伝えたいのでメモを見ながら話させていただきます」とポジティブな言葉でお断りを入れて。

7 忌み言葉は使わない

結婚が繰り返されることを連想させる「重ね言葉」や、縁が切れることを連想させる言葉は避けましょう。

1 当日は飲みすぎず準備万端に

緊張をほぐすためにお酒を飲む人もいますが、飲みすぎると逆効果に。おめでたい席に水を差さないようにしましょう。

2 エピソードの前に自己紹介から

いきなり新郎新婦の話をせず、軽く自己紹介をして間柄を伝えます。

3 暴露話や下品な話は絶対NG

暴露話や下品な話は絶対にやめましょう。また「早く子どもをつくって」など夫婦のプライバシーに踏み込む言葉も避けましょう。

結婚式で避けたい言葉

飽きる	浅い	薄い	おしまい
衰える	折る	終わる	帰る
欠ける	枯れる	変わる	消える
切れる	繰り返す	最後	冷める
去る	捨てる	散る	出る
閉じる	流れる	なくなる	何度も
離れる	冷える	もう一度	戻る
敗れる	やめる	別れる	返す返す
重ね重ね	重々	たびたび	またまた
再び	再三		など

◆大人の心得

あがり症を克服するためのポイント

- とにかく練習あるのみ
練習することで自信がつきます。最初のひと言をはっきりと！

- メモはポイントのみ
原稿を持ち込むときは、読み上げるのではなくポイント程度の確認にします。できるだけ顔を上げて。

- 3回深呼吸
深い呼吸をすると気持ちが落ち着きます。

- 会場を見渡す
話す前に会場を見渡してその場の雰囲気をつかみましょう。

- 周囲は失敗を気にしない
「本人が考えるほど、周囲は人の失敗を気にしない」と考えましょう。

結婚＆出産祝い

COLUMN 1

報告を受けたら、なるべく早くお祝いを贈りましょう。
手渡しか配送かは、相手の都合を優先して選びます。
親しい間柄なら、本人に欲しいものを聞くのがおすすめです。

贈り物の数

お祝いでは「割れる」という言葉を嫌って、偶数の贈り物を避けます。ただし、「2」と「8」はそれぞれ「ペア」と「末広がり」を意味するため、結婚祝いではOKです。

披露宴をしないときや、列席できないときは、贈り物でお祝いの気持ちを示しましょう。もちろん披露宴に列席する場合でも、ご祝儀とは別に贈り物を贈ってもかまいません。

「切れる」を連想させる刃物や、「割れる」を連想させる鏡や陶器、弔事でよく用いられる日本茶はなるべく避けましょう。

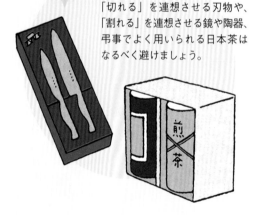

贈る時期

●披露宴をする場合

当日渡すのは新郎新婦の負担になるのでNG。招待状が届いたあと、披露宴の1週間前までに贈りましょう。

●披露宴をしない場合

結婚の報告を受けてから1カ月以内に贈りましょう。第三者からではなく、本人から報告を受けた場合のみ贈ります。

金額の目安

ご祝儀とは別に贈り物をする場合、家族は3万〜5万円、親戚は2万〜3万円程度のものを贈るのが一般的。友人の場合は、数千円ずつ出し合って贈り物をするのもいいでしょう。夫婦で贈る場合は、ご祝儀を5万円にして、1万円くらいの贈り物をするのがおすすめです。

贈り物の例

ベビー服

6カ月～1歳用の、季節に左右されない、肌に優しい素材を選びましょう。

出産祝い

赤ちゃんの成長は早いため、大きめのベビー服や食器などがおすすめ。逆に、すぐに使えるオムツやシャンプーなどの消耗品も喜ばれます。迷ったときはカタログギフトや商品券にしましょう。親しい間柄なら希望を聞いてもいいですね。

おもちゃ・絵本

赤ちゃんがなめても安全な、自然素材のものがおすすめ。

育児用品

抱っこひもやおくるみなど。友人数人で贈るなら、ベビーカーやチャイルドシートなどの高額なものもいいでしょう。

贈る時期

生後1カ月くらいまでに、母子が無事に退院しているかなどを確認して贈りましょう。それほど親しくない場合は、手渡しではなく配送を。自宅に伺う場合は母子の体調を最優先にしましょう。

金額の目安

ご祝儀を出さずに贈り物をする場合は、親族は1万～3万円、友人は5千～1万円程度が目安。双子の場合はその1.5倍くらいがいいでしょう。

教えて！
Q&A

Q 「授かり婚」の場合は出産祝いを兼ねてもいい？

報告を受けたのが出産後であれば、同時に贈ってもよいでしょう。出産前の場合は、まず結婚祝いだけを贈るのがマナー。無事に出産の報告を受けてから、改めて出産祝いを贈りましょう。

Q 出産祝いを届けるために産後に病院に行ってもいい？

産後のお母さんは疲れているうえに、健診や赤ちゃんのお世話で忙しいので、特別親しい間柄以外は避けましょう。退院の報告を受けて、自宅に来てもいいと言われた場合も、面会は短時間で済ませ、自分の体調が悪い場合は病気をうつさないように遠慮します。

訃報が届いたら

故人とのお別れの場である通夜や葬儀・告別式は、遺族のための儀式でもあります。礼節を持って故人を悼み、心を込めた哀悼の意を示します。

〈亡くなった日～翌日頃〉

通夜

ごく親しい人が集まり最後の一夜を過ごす

故人とのつながりが深い人が集まり一夜を過ごします。昔は夜通し行っていましたが、現在では18～19時頃から始まり、2時間ほどで終わる「半通夜」が一般的です。

〈通夜の翌日以降〉

葬儀・告別式

知人など一般の人がお別れをする儀式

葬儀は家族や親族のみの宗教的な儀式で、告別式は一般の方とのお別れの儀式です。現在では区別なく一度に行うことが一般的になりました。

✦大人の心得

**通夜ぶるまいでは
ひと口でも
お箸をつけて**

通夜ぶるまいは、通夜のあと、弔問客に食事や飲み物を提供して故人を偲ぶこと。できるだけ出席して、ひと口でもよいので箸をつけましょう。ただし長居は無用なので、30分ほどで退席を。

**遺族に呼ばれたときのみ
通夜前に駆けつける**

通夜前は遺体が病院または葬儀社の霊安室か、自宅に安置されているため、ごく親しい人だけが呼ばれます。それ以外の場合は遠慮しましょう。喪服を着ていくと亡くなることを予期していたように思われるため、地味な平服で駆けつけます。香典は不要です。

通夜

男性

白無地のワイシャツにビジネススーツ。スーツとネクタイは地味な色に。目立つデザインの時計などは外して。

外出先から向かう場合は
ネクタイと靴下だけでも、黒などの地味なものに取り替えて。

女性

グレーや黒などの地味なスーツに黒のストッキング。アクセサリーやバッグ、メイクは控えめに。

外出先から向かう場合は
メイクを地味にしたり、アクセサリーを外したり、色柄のコートは脱いで裏返して持ったりと、配慮を。

♦大人の心得

喪服を着るかどうかはその時に応じて

通夜には「急いで駆けつけた」という気持ちから地味な服装であれば喪服でなくとも構わないとされています。ただし葬儀（告別式）に参列できない場合で、準備する時間があれば喪服をおすすめします。

葬儀・告別式

男性

礼服と呼ばれるきちんとしたブラックフォーマルに、白無地のワイシャツ。黒のネクタイと靴。

NG!
ビジネススーツ。黒以外の靴下や靴。結婚指輪以外のアクセサリー。

女性

喪服のツーピースに黒のパンプスとストッキングを。バッグは布製の小ぶりなもの。

POINT
ネックレスをつけるのが正しい装い。パールの一連ネックレスを必ずつけて。

NG!
光沢のある生地。ピンヒールやエナメルの靴。生地の厚いタイツ。パール以外のアクセサリー。華やかなネイル。

香典ほか準備するもの

香典や供花・供物は、「亡くなった人があの世に行けるためによろしくお願いします」という気持ちを込めて贈りましょう。

水引は結び切りかあわじ結びに。輪結びは婚礼向きなのでNG。蓮の花の柄が入っているものは仏式のみに使用します。

金額に合わせて選ぶ

3万～5万円
自分が年配の場合。水引は本数の多い双銀のあわじ結び。

1万～3万円
親戚など。水引は黒白のあわじ結び。

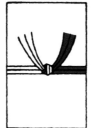
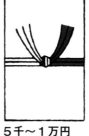

5千～1万円
友人、知人、会社関係。水引は黒白の結び切り。印刷でもOK。

お札の入れ方

封筒の合わせ部分がお札の肖像画のある面になるよう下向きに。新札の場合は予め用意していたようなので、一度折って折り目をつけます。

表書き
必ず薄墨の筆か筆ペンで、宗教や宗派に合った表書きを。

名前
薄墨の筆か筆ペンで下段中央に書く。
※連名の場合や中包みの書き方は11ページも参照。

のしは不要
喜びを表すのしがついていない不祝儀袋を選ぶ。

御霊前
秋吉美和

表書きは宗教によって異なる

仏式
四十九日の法要までは「御霊前（浄土真宗を除く）」、それ以降は「御佛（仏）前」。「御香典」はいつでも使える。

神式
「御霊前」「御神前」「御玉串料」「御榊料」

キリスト教
「御霊前」「献花料」「御花料」「御ミサ料（カトリック）」「忌慰料（プロテスタント）」

✦大人の心得

宗教・宗派がわからない場合は「御供料」や「御霊前」に

表書きに迷ったときは、無地に黒白の水引の不祝儀袋に「御供料」と書けば、宗教・宗派を問わず使えます。印刷されている不祝儀袋を買う場合は「御霊前」と書いているものを選びましょう。

供花

通夜は午前中までに
葬儀は前日までに送る

通夜に間に合わせるには当日午前中までに、葬儀に間に合わせるには前日までに届くよう、葬儀社に手配しましょう。一般に、個人なら生花、団体なら花輪を贈ります。宗教・宗派に関わらず贈れるおすすめの花はユリです。

供物

生もの以外か、果物を

線香、抹香、ろうそく、干菓子、果物などが一般的。故人の好物でもいいですが、肉や魚などの生ものは厳禁です。キリスト教の場合は、供物は不要です。

✦大人の心得

供花・供物とも
送る前に遺族に相談を

供花や供物は親族やごく親しい間柄の場合に、香典とは別に送ります。ただし故人の遺志や遺族の意向で辞退するケースもあるため、必ず事前に確認をしましょう。

弔電

通夜や葬儀に出られない
場合の代用と心得て

通夜当日か、葬儀の開始前に着くように手配しましょう。弔電を送っても、後日改めて弔問に伺うのが礼儀です。

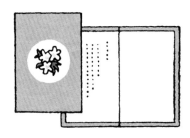

弔電で用いる敬称

弔電は喪主宛に送り、故人の敬称は、喪主から見た敬称を使用します。宛名がわからない場合は、「〇〇様ご遺族様」としましょう。

普段の呼び方	敬称
父	ご尊父様、お父上様
母	ご母堂様、お母上様
夫	ご主人様、ご夫君様
妻	奥方様、ご令室様
息子	ご令息様、ご子息様
娘	ご令嬢様、ご息女様

通夜・葬儀での受付

故人の冥福（めいふく）を祈る気持ちを大切にして、しきたりに沿ったふるまいをしましょう。30分前には到着して受付を済ませるのがマナーです。

1 香典を取り出して受付へ

バッグから香典の入ったふくさを取り出します。会場ですれ違う人には軽く会釈をしましょう。

受付の流れ

2 お悔やみの言葉を述べる

受付の方にお悔やみの言葉を伝えてから、一礼をします。

お悔やみの言葉の例

「このたびは心よりお悔やみ申しあげます」
「ご生前は大変お世話になりました」

キリスト教式の場合

「心よりお慰め申しあげます」
「安らかに召されますように」

NG!

長々と話をする
受付を待つ人たちがいるので、お悔やみの挨拶は簡潔に。

「ご愁傷さまでした」
「残念でしたね」の意味があるため、使わないほうが無難。

心よりお悔やみ申しあげます

3 香典を渡す

たたんだふくさの上に香典を置いて、相手側に向きを変えてから、「ご霊前にお供えください」と言って渡します。

4 芳名帳に名前を書く

住所や名前を楷書でていねいに書きましょう。代理で参列する場合は、受付で代理であることを伝え、左下に「代理」（妻の場合は「内」）と書きます。受付が終わったら一礼します。

三好株式会社
三浦健太郎
代理
様　様

三好株式会社
三浦健太郎
様　様

5 着席する

葬儀社の人から香典返しを受け取ったら、案内に従って速やかに着席しましょう。式が始まる前に雑談をするのはNGです。

✦大人の心得

悲しい話だけでなく
故人の楽しい思い出話も

通夜ぶるまいや葬儀後は、知人とともに故人を偲びましょう。その際はなつかしい思い出話など、楽しい話をするのがおすすめ。ただし大笑いなどは控えて節度を守りましょう。

通夜・葬儀の進行、焼香の仕方

受付（26ページ）を済ませたあとの進行を知って、いざというときに慌てないようにしましょう。ここでは主に仏式の場合の進行を取り扱います。

通夜・葬儀の席次

喪主や血縁の近い人から順に、祭壇に向かって右側前列から座ります。

| ご遺体 |
| 祭壇 |
| 焼香台 |

親族
友人・知人
会社関係者
など

喪主
遺族
近親者

通夜の進行

着席
参列者が全員着席してから、僧侶を迎えます。

僧侶入場・読経

焼香
喪主から血縁の近い順に行います。

法話・僧侶退場

喪主挨拶
遺族の代表者が挨拶する場合もあります。

通夜ぶるまい

葬儀と告別式は同時に行うのが一般的

葬儀は家族や親族などの近親者が行う宗教的な儀式で、告別式は友人・知人などが最後の別れを告げる社会的な儀式です。近年は同時に行うのが一般的です。

初七日法要も同日にすることが多い

故人の命日から7日後に行う法要ですが、葬儀・告別式と同日に行うことが一般的。出棺・火葬前に行う場合と、出棺・火葬後に行う場合があります。

葬儀・告別式の進行の例

着席

僧侶入場

読経

焼香、弔辞・弔電朗読
（ここで初七日法要をする場合もあり）

僧侶退場

出棺
故人との最後のお別れに、棺に花などを入れて黙とうする。

喪主挨拶

火葬・精進落とし

骨上げ
（ここで初七日法要をする場合もあり）

POINT

忌み言葉と重ね言葉に気を付ける

「死」や「苦」を連想させる「忌み言葉」や、不幸が重なることを連想させる「重ね言葉」は弔事にふさわしくありません。

重ね言葉

重ね重ね、たびたび、くれぐれも、いろいろ、しばしば、返す返す、いよいよ、ますます

忌み言葉

「四」「九」
➡香典の金額や供物・供花の数には用いない。

「死ぬ」「死亡」
➡「ご逝去」「帰らぬ人となる」「他界される」など。故人が身内の場合は「永眠」「身罷る」など。

「ご生存中」
➡「ご生前」「お元気でいらした頃」など。

1 焼香台の前で礼をする

焼香台の一歩手前で、遺族
→僧侶の順に一礼します。一
歩進み、合掌をして遺影に一
礼します。

合掌のときは両手の
親指と人差し指の間
に数珠をかける

焼香は喪主の
やり方にならう

焼香の作法は宗派によって違いがあり、
線香を使う場合もあります。抹香をつ
まむ回数は宗派により異なりますが、会
葬者が多い場合は1回が多いようです。
喪主の作法をよく見て従いましょう。

4 合掌をして礼をする

合掌をして遺影に一礼しま
す。一歩下がって、僧侶→遺
族の順に一礼します。

3 香炉に落とす

抹香を目の高さに押しいただ
いてから（浄土真宗は押しい
ただかない）、抹香を香炉の
中に落とします。

2 抹香をつまむ

数珠を左手で持ち、右手の
親指、人差し指、中指で抹
香をつまみます。

数珠を片手で持
つときは、左手の
親指と人差し指
の間にかける。

略式数珠

女性用
珠のサイズが6〜
8mmと男性用に比
べて小ぶりです。

男性用
珠のサイズが大
きく、22珠、20
珠、18珠などが
一般的です。

略式数珠でOK
でも貸し借りは禁物

数珠は仏とつながる大切な法具で、
持ち主のお守りでもあるので、貸し借
りは禁物です。108の珠をつないだも
のが正式ですが、珠数の少ない略式
数珠なら、宗派を問わずに使えます。

ちょっと豆知識

本式数珠は108個の
珠でできた2連のもの

数珠は人間が持つ108の煩悩を打ち消し、身を守っ
てくれるもの。そのため、108の珠がついている
2連の数珠が本式です。本式数珠は宗派ごとに決
められた形式がありますが、自分の宗派の数珠で
違う宗派の葬儀に出席しても問題はありません。

真言宗　　浄土宗

仏式以外の参列方法

仏式の焼香にあたるものは、神式では「玉串奉奠（たまぐしほうてん）」、キリスト教では「献花」になります。参列前に相手の宗教がわかっている場合は予備知識を持っておきましょう。

玉串に心を託して神に捧げる

玉串とは、榊の枝に「紙垂（しで）」という紙を下げたもので、神と人間を結びつける橋渡しをします。

神式の玉串奉奠

1 玉串を受け取る
喪主と遺族に一礼して神主のほうに進み、再度一礼して、両手で玉串を受け取ります。右手で根元を上から持ち、左手は葉先を下から支えます。

2 時計回りに回す
玉串を胸の高さに持ち、祭壇の前に進み一礼。時計回りに90度回転させます。

3 玉串を180度回転させる
玉串の根元を左手で持ち、時計回りに180度回転させます。

4 祭壇に置く
祭壇に根元を向けて玉串案に置きます。

5 二礼、二拍手、一礼
二礼のあと、音を立てずに拍手する「しのび手」を2回して、最後に一礼をします。

ちょっと豆知識

仏教と神道では死のとらえ方が違う

仏教では、故人は極楽浄土に行くと考えられており、葬儀はその旅路に送り出す儀式の意味があります。神道では、故人は守護神となって子孫を見守ると考えられており、故人の霊を神として迎え入れることから、儀式は「神葬祭（しんそうさい）」などと呼ばれます。

1 花を受け取る

遺族と神父（牧師）に一礼をして、花を受け取ります。右手で花を下から支え、左手で根元を上から持ちます。

お別れの気持ちを花に託して捧げる

キリスト教の葬儀では、故人を神の手にゆだねるため、神をたたえる祈りを捧げて、遺族への慰めを行います。

2 祭壇に置く

献花台の前に進み、祭壇に一礼します。花を時計回りに90度回転させて、祭壇に根元を向けて献花台に置きます。

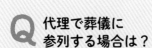

3 黙とうをして一礼する

黙とうのあと再び一礼します。

教えて！
Q&A

Q 代理で葬儀に参列する場合は？

会場で受け取った礼状や香典返しは、未開封のまま、参列の代理を頼んだ人に渡しましょう（代理の場合の受付は27ページ）。遠方の人に頼まれた場合は、初七日までに礼状と香典返しを郵送で届けます。

Q 通夜にも葬儀にも行けない場合は？

まずは代理人を立てられないかを検討しましょう。どうしても参列できないときに限り、弔電を送ります。その後は初七日までにお悔やみの手紙を添えた香典を贈りましょう。

Q 通夜と葬儀の両方に出た場合の香典は？

通夜に参列するときに香典を渡しましょう。翌日の葬儀では、受付で「昨日気持ちばかりですがお渡ししましたので」と断り、記帳だけするといいでしょう。

Q 清めの塩は使わないといけない？

お葬式のあとに「清めの塩」が配られることがあります。帰宅して玄関をまたぐ前に体に塩を振りかける清めの儀式は、もともと死を穢れと考える神道のしきたり。死を穢れとしない仏教では、行わなくてもかまいません。

葬儀後のお悔やみ

通夜や葬儀に参列できなかったときや、疎遠になっていた人が亡くなっていたことを後日知った場合は、自宅に弔問するといいでしょう。

早すぎず遅すぎず四十九日までを目安に

葬儀・告別式直後は遺族が忙しいので避け、四十九日頃までを目安に弔問に行くのがおすすめです。四十九日後でも問題はありませんが、いずれにしろ事前に必ず遺族に連絡をしましょう。

！ 必ず事前に連絡を！

遺族は故人とあなたの関係をよく知らないことも。連絡をする際には、故人との関係を詳しく伝えて。

✦大人の心得

自分の気持ちよりも遺族への配慮を

弔問の目的は、故人の冥福を祈ることと遺族へお悔やみの気持ちを伝えることです。自分の悲しみよりも、遺族の状況や気持ちを優先させます。弔問を断られた場合は遺族の気持ちを優先して、手紙や香典などを送りましょう。

喪服は避けて地味な平服に

喪服で弔問すると、遺族が葬儀を思い出して悲しみを新たにする可能性があります。喪服に見えない地味な色の平服で行くのがマナーです。

女性
ワンピースやアンサンブルスーツなど。アクセサリーは避けて。

男性
ビジネススーツや、ジャケットにスラックスなど。

NG!

喪服をイメージする全身黒の平服。派手な服やTシャツ＆ジーンズなどのカジュアルな服。光沢のある靴やバッグ。

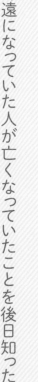

お供え物

お菓子や果物
故人の好きだったものを持っていくのもおすすめですが、生もの（果物以外）は厳禁です。

香典

香典を送っていない場合は必ず持参を。手土産は不要ですが、花やお菓子、果物などのお供え物を持っていくといいでしょう。

通夜や葬儀に参列するときと同じ金額に。仏式の場合は表書きに注意しましょう（24ページ）。

供花

白一色、または白を基調とした花を。四十九日以降の場合は、供花の印象を薄めるために、優しい色が入ったフラワーアレンジメントがおすすめ。

---

1 挨拶
「このたびはお悔やみ申しあげます」などの挨拶をして、遺族に促されてから家に上がります。遺族が上がってほしくなさそうであれば、玄関先で香典や供物を渡して失礼を。

2 お線香をあげる（仏式）
仏壇の前に座って一礼したあと、遺族に一礼し、遺影に一礼。線香にろうそくから火をつけて、手であおいで火を消したあと、香炉に立てて合掌します。線香の本数やお鈴を鳴らすかなどは宗派によるので、気になるときは遺族に聞きましょう。

3 香典・供物を渡す
遺影に一礼し、遺族に一礼をしたあと、「ほんの気持ちばかりですがお供えください」というひと言とともに、香典や供物を渡します。

4 故人の思い出話をする
遺族から促されたら、一緒に故人との思い出話をするといいでしょう。その場合も長居はせず、数分でおいとましましょう。

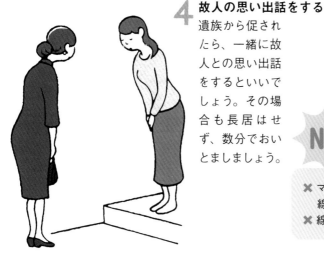

NG!

✗ マッチなどで直接線香に火をつける
✗ 線香の火を吹き消す

身内に不幸があったとき

あまり考えたくないことですが、身内に不幸があった場合、やるべきことが数多くあります。いざというときに慌てないよう、ひと通りのことを知っておきましょう。

会わせたい人に連絡

親戚や親しい人、本人が会いたいと思っている人に連絡をしましょう。非常事態なので、夜や早朝でも失礼には当たりません。

 ここに
気を付けて

連絡は絶対に必要な人だけ

連絡を受けた人は「すぐに駆けつけなければ」と考えます。危篤状態から回復する可能性もあるため、絶対に必要な人にだけ連絡しましょう。

電話で知らせる

なるべく冷静になって、名前を名乗ったあと、病院の住所や病室番号などの必要な情報を伝えます。

すぐに決めること

葬儀社、寺院

前もって決めている葬儀社や寺院がある場合は、すぐに連絡しましょう。そうでない場合は、費用や対応などを見て、信頼できる葬儀社を選びます。

遺体の安置場所

病院では長く遺体を置いておけないため、死亡診断書を受け取ったらすぐに葬儀社に連絡します。

遺影

故人が笑顔でピントの合っているものを選び、葬儀社に預けましょう。

関係各所に連絡する

近親者には早めに

家族などの親族の場合、三親等あたりまで知らせるようにします。まずは亡くなった事実だけを伝え、葬儀については改めて連絡しましょう。

友人・知人、会社関係

「すぐに連絡する必要がある人」「通夜・葬儀の日が決まってから連絡する人」に分けておくとスムーズです。

喪主の主な役割

1. 葬儀の取り仕切り

葬儀社や菩提寺と連絡を取ったり、葬儀の日時、形式、費用に関することなどいっさいを関係者と相談して決定したりします。

2. 僧侶や会葬者への挨拶

通夜や葬儀・告別式では、僧侶が到着したときやお布施を渡すときに挨拶をします。また出棺時や精進落としの席で会葬者に対して挨拶をします。

3. 葬儀後のお礼や法要

僧侶や、葬儀を手伝ってくれた人、会葬者にお礼の挨拶をしたり、礼状と香典返しを用意したりします。四十九日などの法要も、喪主が中心になって取り仕切ることが多いでしょう。

POINT

喪主を決めておくと進行がスムーズ

喪主は葬儀を取り仕切る責任者です。故人の遺言があればそれに従って喪主を決めますが、遺言がない場合は、故人の配偶者から順に、血縁の深い人が喪主になります。

喪主の順番

1　配偶者
2　長男
3　次男以降直系の男子
4　長女
5　長女以降直系の女子
6　故人の両親
7　故人の兄弟姉妹

初七日の手配も同時に行うことが多い

葬儀の数日後に再度集まるのは難しいため、最近は葬儀の日に初七日法要を併せて行うケースが一般的です。その場合は忘れずに葬儀社に相談を。

献杯のマナー

葬儀後の精進落としなどの会食では、故人に杯を捧げる「献杯」が行われます。乾杯とは違って、静かに唱和して、杯は打ち合わせず、拍手もしません。

献杯

まずは葬儀社を決める

死亡診断書を受け取ったら葬儀社に連絡。さまざまなプランがあるため、費用や対応を比較しながら葬儀社を決めましょう。

POINT

基本的な進行は葬儀社に任せて

亡くなってから通夜、葬儀まで、葬儀社が一連の流れをサポートしてくれます。進行を任せて、そのつど決定を下しましょう。

◉お布施

僧侶に包むお布施料は、葬儀社や周囲に相談を。表書きには「お布施」「御礼」などと書き、法要後に盆に載せるかふくさに包んで僧侶に渡します。

◉各種手続き

相続手続きには期限があります。また、公共料金、免許証、携帯電話、クレジットカードなどの返却・解約手続きは、できるだけ早めに。

◉納骨

納骨式は四十九日法要に合わせて行うことが一般的。納骨方法を決めて、お寺への依頼や日程を決めたり、墓石に戒名を彫ってもらったりするための依頼をします。

教えて！
Q&A

Q 故人に配偶者や血縁者がいないときは？

喪主を友人や知人が務めたり、入所していた介護施設の代表者などが務めたりする場合もあります。「友人代表」「世話人代表」などと呼びます。

Q 自分の親が亡くなったときにも香典は必要？

基本的には香典は必要ありません。ただし、なんらかの事情で葬儀に参加できなかった場合は、3万〜5万円程度の香典を出したほうがいいでしょう。

Q 故人の銀行口座から預金が引き出せなくなる？

死亡届が役所に提出されると、自動的に故人の銀行口座が凍結される……と誤解している人もいますが、これは誤り。遺族自身が銀行に連絡したさい、相続手続きが完了するまで一時的に凍結されます。

Q 喪中はがきの出し方は？

相手が年賀状の準備をする前に出さなければいけないので、11月〜12月上旬に届くように出します。自分が喪中はがきを出す場合は、基本的に二親等までの親族が亡くなったときです。

COLUMN 2 法事の流れ

仏教では、通夜や葬儀・告別式が終わったあとにも
故人の冥福を祈る追善供養（ついぜんくよう）の法要があります。
ひと通りの知識を持っておきましょう。

「法事」という行事の中に「法要」がある

法事

法要
僧侶に読経してもら
い故人を供養する

会食
法要後に遺族と参列者が食事をする

法事と法要はまったく別のもの

法要は、僧侶の読経によって故人を供養することです。法事は、この法要を含めた会食までのひと通りの行事のことを指します。

法事を執り行う流れ

日時・会場・出席者を決定
僧侶に相談して日時と会場を決め、出席者をリストアップします。

出席者に案内状を出す
法事の1カ月前には送ります。返事は法事の2週間前までにもらえるよう明記を。

会食・引き出物の準備
出席者の人数が確定したら準備を始めます。引き出物は1家族に一つでOK。

当日のおもてなし
法要後に料理を出して出席者とともに会食をします。感謝を込めておもてなしを。

法要の種類

死後四十九日間はあの世とこの世をさまよっているとされ、この期間を「中陰（ちゅういん）」と呼んで7日ごとに法要をします。四十九日後は、極楽浄土に行った故人を精進の道へ導くために法要をします。宗派によって多少違いもあります。

中陰法要
7日ごとに閻魔大王（えんま）をはじめとする十王から裁きを受け、四十九日で来世の行先が決まるといわれており、遺族は命日を含めて7日ごとに、故人が極楽浄土に行けるように法要を営みます。

年忌法要
命日から満1年目を一周忌として、その後は三回忌、七回忌、十三回忌……と続き、三十三回忌で故人は菩薩（ぼさつ）の道に入って守り神となるとされ、一般には「弔い上げ」として法事を締めくくります。

Part

2

食事のマナー

ちょっとあらたまった会食をするときやホームパーティーをするときなど、食事に関わるマナーを集めています。正しい食事のマナーを覚えて、大事な人たちと楽しいひとときを過ごしましょう。

会食時の服装

和食・洋食を問わず、日常よりも少しおしゃれをして会食にのぞみましょう。どのくらいフォーマルにしていいか迷うときは、ジャケットを持っていくと便利です。

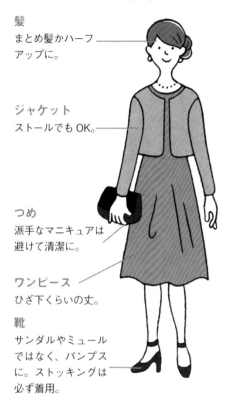

男性

基本はパンツとジャケットの組み合わせ。高級店ではネクタイが必須です。

シャツ
高級店でなければ、夏は襟付きのシャツのみでも。Tシャツの場合は、上にジャケットをはおればOK。

ネクタイ
格式が高いお店に行くときは忘れずに。

ジャケット
さっとはおれるものを用意。

パンツ
短パンはNG。ジーンズはOKの店もあり。

靴
革靴がおすすめ。サンダルはNG。

女性

和洋を問わずおすすめなのはワンピース。上はジャケットやカーディガン、ストールを合わせましょう。

髪
まとめ髪かハーフアップに。

ジャケット
ストールでもOK。

つめ
派手なマニキュアは避けて清潔に。

ワンピース
ひざ下くらいの丈。

靴
サンダルやミュールではなく、パンプスに。ストッキングは必ず着用。

POINT ドレスコードがある場合、幹事はメンバーに伝えましょう。

NG!

かがむと胸元が見える服
食事をするときに思いのほか、体が前かがみになることが。

短いタイトスカート
座敷で正座をする場合は、思ったよりスカートがずり上がるので注意。

華美な服やじゃまになるアクセサリー
食器にぶつかりそうな華美な袖やアクセサリー、襟元の大きな飾りは×。

体型やマナーに自信がないときにも、上手にカバーできるおしゃれな服装を心がけましょう。

体型をカバーしたいときは
チュニック＋パンツ

お腹やおしりを隠せる組み合わせ。パンツはシルクやレースなどの上品な素材が◎。

座敷でうまく座れないときは
フレアスカート

ふんわりとしたフレアスカートなら、座敷で座るときに足がスカートの中に隠れるので、足を崩しやすくておすすめです。

POINT **ヒールが苦手な
人にも OK**

パンツスタイルならヒールのない靴にも合いやすいので、高齢者や妊婦、小さい子どもがいる人にもおすすめです。

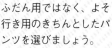
ふだん用ではなく、よそ行き用のきちんとしたパンツを選びましょう。

その他の小物

財布やメイク道具を入れた
小ぶりのバッグを用意

大きな荷物はクロークに預け、小ぶりのバッグだけを持ちます。クロークがない場合は、店に預かってもらえるか尋ねたり、専用のカゴに入れたりしましょう。

POINT スマホやハンカチなどをテーブルに置くと、サービスのじゃまになるので、バッグにしまいましょう。

NG!

**香水は食事の
じゃまになるので避けて**

食事は味だけではなく、見た目や香りも楽しむもの。食事の香りをじゃまする香水をつけるのはやめましょう。

**アクセサリーは
食器に当たらないものを**

長いネックレスや大きな指輪は、食器に当たってしまうかもしれません。なるべく小ぶりのものを。

洋食店でのふるまい方

きちんとしたお店で食事をする場合は、招かれたゲストもお店や会食の雰囲気を構成する要素のひとつなので、品よくふるまいましょう。

2

椅子の動きに合わせて座る

スタッフが引いた椅子の前に移動。ゆっくりと椅子が押されるのを確認しつつ、足に椅子がふれたら、ゆっくりと腰を下ろします。

1

椅子の左側に立つ

椅子の左側に立って、店のスタッフのエスコートを待ちます。座席の配置によっては右側に立ってもOK。

3

背もたれに背をつけずに座る

テーブルから握りこぶし2つ分をあけて座ります。背もたれにもたれず、脚は組まないように。

POINT

スタッフがいない場合は男性がエスコートを

洋食では、レディーファーストが基本です。スタッフがエスコートをしない店では、代わりに同席の男性が着席の手助けをしましょう。

✦大人の心得

トイレは入店前に済ませておく

トイレや化粧直しは、できればお店に入る前に別の場所で済ませておきます。間に合わなかった場合は、最初の乾杯や注文が終わってから、タイミングを見計らって中座を。隣の人に小声で「お化粧室に行ってきます」と伝えます。

気づいてもらえないからといって、手を大きく振ったり立ち上がって呼んだりするのは避けて。スタッフがこちらを見るまで少し待ってから、もう一度合図を送りましょう。

NG!

POINT

カトラリーを落としたときはスタッフを呼ぶ
自分では拾わず、スタッフを呼んで拾ってもらいましょう。

話しかけるときは名前を入れるのがおすすめ
スタッフがネームプレートをつけている場合は、「〇〇さん、ありがとうございます」などと、名前を入れると距離が縮まります。

大声で呼ばず目と手で合図を送る
スタッフの目を見て軽くうなずいたり、手をあげたりして合図を送ります。気づいてもらえないときは小声で「すみません」と呼びましょう。

注いでもらうときはグラスを持ち上げない
テーブルに置いたままで、手を添える必要はありません。「ありがとうございます」とひと言添えるとスマート。基本的にスタッフに注いでもらうか、男性が注ぎます。

乾杯するときはグラスをぶつけない
グラスを軽く持ち上げて、おたがいに相手の目を見て笑顔を交わします。グラスをカチンと当てるのは NG。

✦大人の心得

ワインに詳しくないときはスタッフに相談を
「お料理に合うワインをお願いします」と言ってメニューを指差しながら、「このあたりで考えています」と予算の目安を伝えましょう。ボトルで頼むことが多いですが、1杯ずつ頼みたいときは「グラスで」と伝えれば、グラスで飲めるワインを教えてくれます。

洋食でのマナー

カトラリーの使い方など、ひと通りの基本を知っておきましょう。食べるときは音を立てないなど、周囲への気遣いを大切に。困ったときは周囲をまねるのも手です。

基本の動作

切るときは押さずに引く

ナイフは力を込めて押しつけるのではなく、人差し指の力を抜いて、スッと引くようにして切ります。

外側から順に使う

カトラリーは料理の順番に合わせて、外側から順に並んでいます。

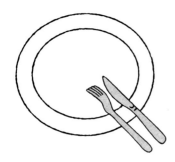

食べ終わったら揃えて置く

カトラリーを揃えてお皿に載せると、下げてほしい合図に。ナイフの刃は必ず自分側に向けて。

置くときは刃を内側に

食事の途中でカトラリーを置くときは、ナイフの刃は必ず自分側に向けます。フォークはふせておきます。

✦大人の心得

**間違ったマナーを
覚えていないかチェック**

昔覚えたマナーが、現代では違っていたり、間違った解釈をしたままマナーを覚えていたりすることもあります。たとえば、昔は「ナイフとフォークを持ち替えてはいけない」といわれていましたが、現代ではパスタなどはフォークを右手で持ってよいとされています。また、本場イタリアでは、パスタのときにはスプーンを使いません。

肉料理

左からひと口ずつカット

口に入る大きさに切って、食べるごとに肉の左側からひと口ずつカット。最初に全部カットするのはマナー違反。

魚料理

フィッシュスプーンを使う

ナイフとして魚を切ったり、スプーンとしてソースをすくったりします。

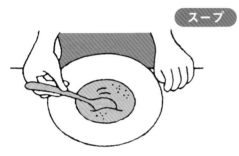

スープ

手前から奥にすくう

手前から奥に向かってスプーンを動かします。最後だけ、そっとスープ皿の手前を持ち上げてもかまいません。

パン

ひと口大にちぎって食べる

口に入る大きさにちぎって、必ずひと口で食べます。テーブルクロスに散ったパンくずの掃除はスタッフに任せましょう。

席を立つときは軽くたたんで

中座のときは軽くたたんで椅子の上に置きます。食事が終わって帰るときも軽くたたんでテーブルの上に置きましょう。「しっかりたたむのを忘れるほど、おいしかったです」という意味になります。

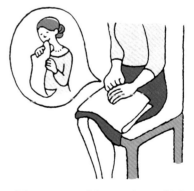

二つ折りにして折り目をひざ側に

諸説ありますが、折り目をひざ側にするのがおすすめ。ナプキンの端で口もとを拭いたときに、汚れが内側になるのでまわりから見えません。

和食でのマナー

まずなによりも大切なのはお箸の扱い方。食事をするとき、見ている相手に不快感を与えないように注意しましょう。指先のしぐさは一番目立ちます。

お箸の扱い方（右手の場合）

基本

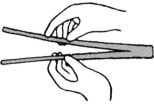  

3 右手を滑らせるようにお箸の下に移して、持ち替える。

2 左手の親指と人差し指の間にお箸を挟んで、下から支える。

1 右手の親指、人差し指、中指で、お箸を上からそっと取る。

割り箸を割る

おわんと一緒に持つ

横にした割り箸の中央を両手で持ち、扇を広げるように割る。

2 右手を外してお箸を取り上げ、左手の指にお箸を挟み、右手をそっと持ち替える。

1 両手でおわんを持ち上げる。

ちょっと豆知識

お箸は自然界と人間界を分ける「結界」

現在の中国では、お箸は縦に置くのが基本で、食べ終わったときだけ合図として横置きにします。対する日本は常に横置きですが、この理由に、「武士が戦意がないことを表すために、お箸の先を相手に向けないようにした」という一説があります。

さらに、自然からの恵みである食べ物に魂が宿っていると考え、箸（橋）の向こうは自然の霊界、こちら側は人間界として、箸に「結界」の意味を込めているという説もあります。

小鉢

小鉢は手に持って

小鉢やしょうゆ皿などは、手に持っていただくのが基本。脇を締めて指をそろえ、両手でていねいに取り上げてから、44ページ「おわんと一緒に持つ」と同じ要領でお箸を持ち替えて食べます。

汁物

ふたは元通りに戻す

おわんに左手を添え、右手でふたを傾けて、しずくを器の中に落としながら開け、横にふたを置きます。食べ終えたらふたをひっくり返さずに、元の状態にかぶせましょう。

盛り合わせ

手前から食べる

お造りや天ぷらは、盛りつけが崩れないよう、手前から奥の順に食べます。

大皿料理

小皿か懐紙を使う

大皿から料理を取るときには、必ず小皿を使います。小皿がない場合のために、懐紙を持っておくと便利。

NG!

手皿で食べる
実はマナー違反。手が汚れると見た目も悪いので、小皿や懐紙を使いましょう。

貝の殻をおわんのふたに置く
ほかの人に見えないように、貝の殻はおわんに沈めます。

腕が料理の上を横切る
右側にある器は右手で、左側にある器は左手で取ることが原則です。ふたのある料理も同じ。逆に行うことは「袖越し」といってマナー違反です。

会食時の気配り

お迎えする

玄関では靴を脱ぎやすい配慮を

ゲストが靴を脱いだら、「こちらでそろえるので、どうぞそのままで」と声をかけます。全員が部屋に上がってから、さっと整えるのがベスト。上がり框が低い場合、小さい椅子を用意しておくと靴を脱ぐときに重宝します。

✦大人の心得

2名で役割分担をするとスムーズ

部屋への案内係と、靴を揃える係に分かれて、2名で役割を分担すると、ゲストを待たせることなくスムーズにお迎えができます。

食事をする

当日バタバタしないよう事前準備をしっかり

ホストが台所にこもりきりになったりバタバタしたりしていると、ゲストは落ち着かず、「手伝おうか？」などと気を使わせます。みんなと楽しく過ごせるように、お酒は手に届くところに置く、料理は温めるだけの状態にしておくなど、事前準備をしましょう。

ビールのつぎ方

ラベルを上にして右手で持ち、左手を瓶の下に軽く添えます。

参加者に合わせてセレクトを

会の目的や参加者に合わせた飲み物を用意します。酒席の場合もノンアルコールのものを用意しておく配慮を。

NG!

勝手につぎ足す

つぎ足すときは、「おつぎしてよろしいですか?」とひと声かけましょう。

逆手でつぐ

右隣りの人にビールをつぐとき、右手を逆手にして注ぐのは失礼です。相手の方に体ごと向けて、両手でつぎましょう。

✦ 大人の心得

自分のグラスがわかる目印をつける

自分のグラスを見分けられるよう目印をつけると便利。「グラスマーカー」といわれる市販品もありますが、マスキングテープやシールを貼ったり、グラスの縁にクリップをつけたりしてもいいでしょう。

会話術

● 年上の人には、経験談を尋ねたり、知識を乞うたりすると、気持ちよく話してもらえます。

● 自分ばかりしゃべらずに、「〇〇さんはどうでしたか?」などと、相手の話を上手に引き出す質問をしましょう。

● 子どもが走り回ったりして困るときは、怒りよりも心配の気持ちを言葉に表して。「けがすると危ないから、気を付けてね」などと言えば、ゲストも気を悪くしません。

相手の話を上手に引き出して

「自分の話は3割、相手の話は7割」を意識して会話を。「それからどうなったの?」などと話を振って、場を和ませます。

相手の話を引き出すのも、ホストの大事な役割です。

それからどうなったの?

COLUMN 3 おひらきの仕方

ある程度時間がたって、料理や会話が落ち着いた頃がおひらきのタイミングです。会を締めるきっかけは、招かれたほうが作りましょう。席を立つときはもちろん、玄関でもお礼を言うのを忘れずに。

招かれたほうから
おいとまを言う

おひらきのきっかけは、本来は招かれたほうから作るものです。会の雰囲気を見て、盛り上がりが落ち着いたあたりで切り出すといいでしょう。

おいとまの言葉例

「○時を過ぎたのでおいとましますね」

「そろそろお休みになる時間ですよね」

「本当に楽しかったです。ごちそうさまでした」

招かれた側は
タイミングを見計らって

締めの料理が出たあとや、お茶を飲み終わったあと、会話がひと段落したときなどを見計らって、さりげなく時計を見るなどしてから、おいとまを切り出しましょう。

招いたほうは
切り出しやすい雰囲気を

ゲストが言い出しづらそうなときは、ホスト側からきっかけを作りましょう。「長くお引き止めしてしまってすみません」「いつもは何時くらいに夕飯（就寝）ですか？」などとさりげなく聞けば、ゲストの気持ちを損ないません。

お引き止めしてしまって…

Part

3

人付き合いの
マナー

感じのいい話し方や電話やメールなどの連絡の仕方な
ど、円滑にコミュニケーションをとるためのコツをま
とめています。相手はもちろん自分も楽しく過ごせる
ように、マナーと思いやりを持って接しましょう。

自宅に招かれたら

自宅に呼んでくれた人に感謝の気持ちを持って、品よくふるまいましょう。堅苦しくならないちょっとした気遣いで、より楽しいひとときが過ごせるといいですね。

訪問時間

時間ちょうどか5分ほど遅れて訪問を

ビジネスでは約束の時間より5分ほど早めに行くのがマナーですが、個人宅を訪問する場合は、約束の時間ちょうどか、5分ほど遅れて訪問するのがいいでしょう。

 **NG!**

予想以上に早めに訪問する
訪問される側は、お迎えの準備で慌ただしくしているかもしれないので、約束の時間より早く行くのは避けましょう。早く着きそうな場合は、途中の駅などで時間をつぶして。

玄関に入る前の準備

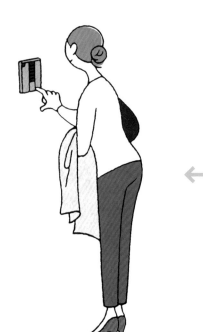

玄関前でコートを脱いでからインターホンを押すのがマナー。寒いときは相手が応答してから脱いでもいいでしょう。

靴の汚れを確認するなど、インターホンを押す前に、軽く身だしなみを整えましょう。

雨の日は コートについた水滴をハンカチで拭いたり、傘のしずくを落としたりしておきましょう。

振り返り、しゃがんで靴を整えますが、おしりを相手に向けないように気を付けましょう。

POINT

靴をそろえたら、靴箱の横など端に置きます。じゃまにならないところにしましょう。

正面を向いたまま靴を脱いで上がります。後ろ向きに靴を脱いで上がるのは NG。

NG!

**家の中のものを
じろじろ見る**
玄関に置いてある写真立てや飾りを値踏みするようにじっと見たり、部屋の中や相手の服装などを眺めまわしたりするのはやめましょう。

キョロ キョロ

✕ キョロキョロ
見まわす

✕ 1点を
凝視する

✕ 上から下まで見る

✦大人の心得

プラスになるような
言葉かけを意識

訪問時の挨拶にも気遣いを忘れずに。訪問する側は、「お招きいただきありがとうございます。楽しみにしていました」などのひと言を。招く側は、「いらっしゃい。お待ちしていました」などと伝えると、おたがいに気持ちよく過ごせます。どんなに身近な間柄でも、「太ったんじゃない?」「体調悪そうね」などといった身体的なことや、マイナスのことは言わないで。プラスの言葉かけを心がけましょう。

手土産を渡す

お宅を訪問する際には、相手に固辞されない限りは、必ず手土産を持っていきましょう。その際、相手の迷惑にならない、喜ばれそうな品物を選ぶことも大切です。

訪問者

2〜3個余分に用意

手土産を用意

事前に人数を確認して余分に用意していく

相手の家族構成や、ほかのゲストの人数などを事前に確認しておきましょう。訪問者を含めて、人数よりも2〜3人分多めに用意するといいでしょう。もしかすると思っていた人数より多い場合があります。

手土産の種類

先方が好きなもの

訪問先の人が好きなものを事前に調べておきます。訪問の約束をする際に、「甘いものはお好きですか？」「お酒は召しあがりますか？」などとさりげなく聞くといいでしょう。

洋菓子・和菓子

親しい間柄なら、その場で一緒に楽しめるよう、生菓子を持っていっても。見た目が華やかなものを選ぶといいでしょう。日持ちのするクッキーやようかんなどもおすすめです。

POINT 手作りは事前に確認

手作りのお菓子は、それほど親しくない人からもらうのは躊躇（ちゅうちょ）する人もいるので、避けたほうが無難です。持っていきたいときは事前に「手作りのクッキーを持っていっても大丈夫？」などと聞きましょう。

季節の果物やお花

やや高級な旬の果物なども喜ばれます。食べ物以外なら、季節の花を取り入れたブーケがおすすめ。相手のイメージを伝えて、生花店にアレンジメントしてもらいましょう。

NG!

相手の家の近所で買う

時間がないからと訪問先の近くで買うのはやめましょう。間に合わせで買った印象を与えます。

カットが必要なものを渡す

先方にカットしてもらわなければいけないホールケーキなどは避けて、なるべく個包装のものを選びましょう。また、においがきついなど個性のあるものも避けて。

**紙袋やふろしきから
出して差し出す**

玄関先ではなく、部屋に通されてから渡します。ふろしきや紙袋ごとではなく、必ず中身を出してから差し出しましょう。

和室

座ってから渡す

部屋の床に正座をして手土産を出し、両手で差し出します。

洋室

立ったまま渡す

部屋に入ってから相手の方を向いて、両手で差し出します。

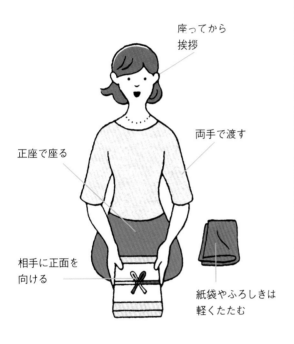

座ってから挨拶

両手で渡す

正座で座る

相手に正面を向ける

紙袋やふろしきは軽くたたむ

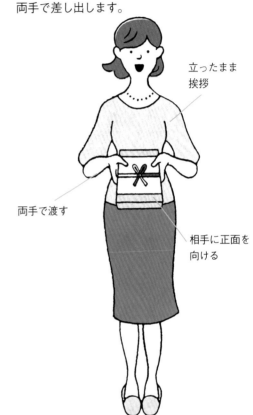

立ったまま挨拶

両手で渡す

相手に正面を向ける

受け取るほうは

両手で受け取り
感謝の気持ちを伝える

相手と目線を合わせた姿勢になり、両手で手土産を受け取って、「お気遣いありがとうございます」とお礼を。「開けてもいいですか?」と聞いて、その場で喜びを伝えましょう。生菓子などの場合は、「おもたせですが……」と言って、お茶とともにお出ししましょう。

♦大人の心得

**「つまらないものですが」は
現代では失礼な印象に**

謙遜するときは「心ばかりですが」「お口に合うとうれしいです」などの言葉を使いましょう。「おいしいと評判のお店のもので」「どらやきが好きと伺ったので」など、選んだ理由をプラスの表現で伝えると、さらにいいですね。

上座・下座の考え方

上座はお客様など目上の人が座る席、下座はおもてなしする側が座る席です。席次は、相手を尊重する気持ちを示すためのマナーです。

上座は出入り口からいちばん遠い席、逆に下座は出入り口にいちばん近い席です。上座に座る「目上の人」とは、立場や役職、年齢が上の人になります。

洋室の場合

シンプルに出入り口から一番遠い席が上座です。

和室の場合

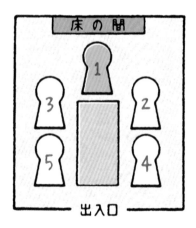
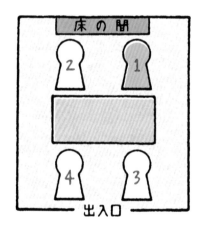

上座は床の間にいちばん近い席だと考えておけば、まず間違いありません。ただし、お庭がきれいな部屋などは、庭がいちばんよく見える場所を上座と考えることもあります。

ちょっと豆知識

上座・下座の考え方はどこから?

上座・下座の由来はさまざまです。一説には、室町時代に登場した「床の間」に起源があるとされます。床の間には神聖なもの、大切なものを置きます。そこに背を向けて座るのはもっとも身分の高い人、というわけです。また別の説では、敵が出入り口から入ってきたときに備え、お殿様がいちばん討たれづらい席に座っていたから、ともいわれます。

中華料理の円卓の場合

やはり出入り口からいちばん遠い席が上座です。次以降の人は、上座から見て、左、右、左と順番に座っていきます。

会議室の場合

議長の席が決まっている場合は、議長から近いところが上座になります。議長から見て右がより上座、以降は、左、右、左と続きます。

タクシーの場合

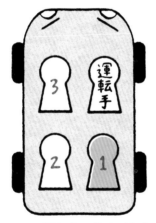

タクシーでは運転席の後ろが上座で、いちばん安全な席といわれています。助手席は支払いや道案内のため下座。ただし、移動する当事者が運転する場合は、広い助手席が上座になることも。後部座席三人の場合は真ん中が下座です。ご希望を伺うといいですね。

エレベーターの場合

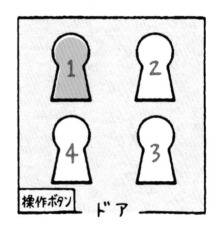

いちばん最初に乗り込むのが「目上の人」、目下の人がいちばん最後に乗って、操作ボタンを押します。降りるときは逆で、目上の人から。目下の人は、ボタンの開くボタンを押しておき、ほかの全員が降りてから最後に降ります。

POINT すすめられた席に座りましょう

あなたがお客さんの場合、先方は当然上座に案内してくれます。気後れして、遠慮したくなるかもしれませんが、そこはすすめられた場所に素直に座るべきです。先方の配慮に対して感謝の念を述べてもよいでしょう。

引っ越し当日は搬入のトラックが道をふさぐなどして、ご近所に迷惑をかけることも。旧居のご近所には、できれば引っ越し作業の前日に挨拶回りをしておきましょう。新居でもできるだけ早めの挨拶がマナーですが、伺うのは早朝や夜など非常識な時間は避けて、日中がよいでしょう。何度か伺っても先方とタイミングが合わないときは、ポストに挨拶のお手紙を入れます。タオルなどの手土産があるなら、ドアノブにひっかけて。

手紙の文例

〇月〇日に、「住所」に引越してまいりました〇〇（名前）と申します。
引越しのさいはお騒がせしてしまい、申し訳ありませんでした。
何度かお伺いしたのですが、お留守のようでしたので
お手紙での挨拶に代えさせていただきます。
今後とも、どうぞよろしくお願いいたします。

挨拶のタイミング

あいさつ回りの範囲

引っ越しの挨拶

引っ越しの挨拶をしない人が増えていますが、やはりあいさつをする方がまだまだ主流。お互いの顔を知っておけば、その後のお付き合いがスムーズになります。

一軒家の場合

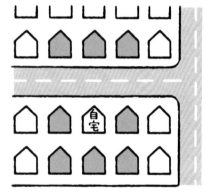

向こう三軒両隣＋背後の三軒

マンション・アパートの場合

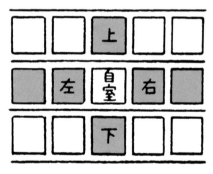

上下左右および、左右のさらに
一つずつ隣

POINT

一人暮らしは挨拶なしでも可
現在は、一人暮らしをしている人のうち約半数が引っ越しのさいに挨拶をしないといわれています。そのいちばんの理由が「防犯」。とくに女性は一人暮らしであることを隣人に知られないほうがよいという考え方もあります。

出産時のお見舞い

お母さんは出産で疲れています。お見舞いに行くのは、親戚や親しい間柄の人だけにしましょう。

出産祝いは持っていかない

お見舞いとお祝いは別です。出産祝いはお見舞いのときではなく、べつの機会にするとよいでしょう。

自分の体調に注意する

出産を終えたばかりのお母さんや生まれたばかりの赤ちゃんに、ウイルスや病原菌を感染させてはたいへんです。自分自身が健康なときに面会しましょう。

香水を控える

産後のお母さんも赤ちゃんもにおいに敏感。負担になりますので、香水は控えましょう。香料の含まれた柔軟剤で洗った服にも要注意です。

大勢で行かない

お母さんと赤ちゃんに負担をかけないのが第一です。大きな声で話したり、集団で騒ぐのも避けましょう。「かまわないでいいから」などといって押し掛けるのはもってのほか。

赤ちゃんに勝手に触らない

無断で触るのはNGです。絶対にお母さんの許可をもらってからにします。触るときは、手洗い・消毒をしっかりと。

授乳中・回診中は席を外す

身内だからといって、授乳中のお母さんの前に居座るのは非常識。授乳中の赤ちゃんの写真を撮ろうとするのもマナー違反です。

長居しない・頻繁に行きすぎない

お見舞いは短時間で済ませるのが鉄則です。負担にならないよう、長くとも一時間を目安に切り上げましょう。もちろん、短時間だからと頻繁に行くのもマナー違反です。

余計なひと言をいわない

たとえば「次は男の子」「次は女の子」とリクエストするひとがいますが、悪気はなくてもお母さんには許せないひと言なので気を付けて。嬉しさと安堵の気持ちを伝えましょう。

気遣いのある話し方

かしこまった場での会話のやり取りや、初対面の人との挨拶は緊張するもの。ちょっとしたコツをつかんで、笑顔と相手への気遣いを忘れずに、楽しく会話しましょう。

話し方

ゆっくりと話す

相手が聞き取りやすいように、早口ではなくゆっくりと話しましょう。句読点を意識して1分間に300文字を話すスピードが目安です。

間を取る

自分ばかり話すのではなく、相手が話しやすいように、「○○さんはどう？」などと話を振りましょう。

具体的にほめる

「すごいですね」よりも「いつも上手に皆さんをまとめていて、すごいと思います。今度コツを教えてください」などと、心を動かされたことを具体的に伝えましょう。

聞き方

聞き上手になる

体を少し前傾させたり両手をテーブルの上に置いたりすると、話を聞こうとする姿勢が相手に伝わります。

「相づち」「うなずき」のW効果

うなずきながら「はい」と相づちを打つと、ただうなずくだけよりも、相手に「話を聞いてくれている」という印象を与えます。

相手と合わせてミラーリング

相手が笑顔ならこちらも笑顔で返して。相手が話した内容を「〜なんですね」と復唱するのもいいですね。

近しい間柄だとついマナーを忘れてしまうことがありますが、
大人として、相手への気遣いを心がけましょう。

自分ばかり話す

相手に話す隙を与えず、自分の話ばかりすると、相手は楽しめません。

説教ばかりする

相手が年下だからと言って、自分の意見を主張して一方的な会話にならないように。

相手の話に無反応

ただうなずくだけや、「はい……はい」と単調な相づちを打つだけでは失礼です。

自慢やのろけ話をする

上位に立とうとして自慢をしたり、プライベートなのろけ話をしたりするのは NG。

人によって態度を変える

年上の前では低姿勢、年下の前では横柄……などの態度は、まわりから見られています。

相手に不快感を与える話をする

人の悪口や個人的な愚痴、お金などのデリケートな話は話題に出さないように。

オーバーリアクション

大声を出して笑ったり、相手をたたいたりするのはやめましょう。

♦大人の心得

相手が心を開いてくれる話しかけ方のコツ

初対面の人と話す場合は、「はい」で答えられる質問を2回してから、具体的な質問をすると、会話がはずみます。
たとえば、「趣味は登山だと伺ったんですが」「はい」「今の季節は登山にぴったりですね」「そうですね」と会話が続いたあとに、「最近はどんな山に登られたんですか?」と具体的な質問をすると、相手が心を開いて答えてくれるでしょう。

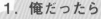

お気を付けて、夫婦間のそのひと言

気を許し合った相手といえど、互いに「絶対に口にしてはいけない言葉」があります。男女それぞれ7つずつ。しっかり把握して良好な夫婦関係を保ちましょう。

NG!

妻へのNGワード

1. 俺だったら ○○するけどなぁ

間接的に相手を否定し優位に立とうとしている印象。「難しいねぇ」「一緒に考えよう」など寄り添って。

2. 要するに何？／ だからどうしたの？

仕事モードで結論を求めないで！ 相手はただ話を聞いてほしいのです。

3. 何でもいいよ

一見、優しさに感じますが、考えることを放棄しています。「○ならどうかな？」と選択肢を。

4. 好きにすれば

「勝手にしていい」と関心がない様子。自分も決められない場合は「どうしようか」と話を膨らませて。

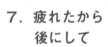

5. 何怒ってるの？

「聞く前に察して！」と思っています。思い当たらなければ「疲れた？」「いつもありがとう」と声かけを。

6. 言ってくれれば やるのに

ちょっとした優しさがうれしいものです。少しの気配りです。わからなければ「手伝うよ」と声をかけて。

7. 疲れたから 後にして

家事・育児は重労働で休日はありません。仕事で疲れていてもこの言葉はNGです。

✦ 夫婦でともに気を付けたいこと

「当たり前のNGワード」にも気を付けて

容姿やコンプレックスに関することはもちろんNGです。そのほか、学歴、離婚、人格否定に関すること、そして愚痴も控えましょう。

**1. そもそもあなたが……
／あなたが悪い**

相手が原因であると決めつけては関係悪化に。それより「どうしたらよいか」を考えましょう。

**2. そういえば
あのときも……**

過去のことを蒸し返すと、話が膨らみ相手の反感も増します。一つずつ解決すること。

**3. 結婚しなければ
よかった**

生命保険会社のアンケート「配偶者に言われたくないひと言」で一位の言葉。お互い傷つきます。

「ふつう」はさあ…

ごめんごめん

**4. 何回も言ったのに／
この前も言ったよね**

お説教をされているように感じます。「覚えてくれていないことが悲しい」という気持ちを伝えましょう。

5. 普通は……だよね

価値観を相手に押し付け「あなたは普通以下」と言っています。個性を認め、やってほしいことを具体的に。

**7. あなたの親って
めんどう**

だれでも親の悪口は聞きたくないものです。言葉に気を付け「…だと助かるんだけど」など柔らかく。

**6. ○ちゃんの旦那さんは
出世したんだって**

ほかの人との比較や、「稼ぎが少ない」などは責められているように感じます。比較や逃げ道のない言葉はNG。

✦ 夫婦でともに気を付けたいこと

相手の気持ちを考える

日々の生活のなか、常に相手を尊重して過ごすのは難しいことかもしれません。でも一生をともにすると決めた相手です。「ちょっと最近すれ違っているな」と感じたときは、客観的に相手の立場になってみることも大切。お互いに思いやりの気持ちをもつことを忘れずに。

お中元・お歳暮を贈る

日頃からお世話になっている人には、感謝の気持ちを込めて、夏のお中元、そして冬のお歳暮を贈るといいでしょう。タイミングを忘れずに、マナーを守って贈りましょう。

	お中元	お歳暮
贈る時期	7月初旬～7/15のお盆まで お盆を8月で行う地域： 7月下旬～8/15のお盆まで	12月初旬～12/20くらいまで 遅くとも12/25までに到着を
金額の目安	3千～5千円 特別にお世話になった人には、5千～1万円程度	
贈り物の例	夏の暑い時期に贈るので冷たい飲み物やデザートがおすすめです。	冬の寒い時期に贈るので、温かい飲み物や食べ物がおすすめ。

もし贈る時期を逃したら

のし紙の表書きを書き換えて贈りましょう。

お中元	お歳暮
● 7/15のお盆を過ぎたら 「暑中御見舞」（目上の人には「暑中御伺」）に。 ● 8/6を過ぎたら 「残暑御見舞」（目上の人には「残暑御伺」）に。	● 12/25から新年の1/7まで 「御年賀」に。 ● その後2/3頃まで 「寒中御見舞」（目上の人には「寒中御伺」）に。 ※地域により、多少違いがあります。

お中元とお歳暮は両方贈る

お中元を贈った相手には、必ずお歳暮も贈るのがマナーです。お中元とお歳暮、どちらか一方だけにしたい場合は、お歳暮のみにしましょう。

一度贈ったら贈り続ける

季節の挨拶なので、1回限りではなく、最低3年は毎年贈るのが基本的なマナーです。

やめたくなったら……

最後にしたい贈り物に、今までの感謝と「寄る年波に勝てず……」「これからも変わらぬお付き合いを……」といった挨拶状を添えましょう。また、季節のご挨拶として暑中お見舞いや年賀状を送る方法もあります。

相手が好むものや家族構成を考えて

高価な品や珍しい品も喜ばれるもののひとつですが、相手が好きなものを贈ると喜ばれます。日頃の感謝の気持ちを込めて、品物を選びましょう。

お返しをする必要はなし

お中元やお歳暮は、お祝いではなく日頃の感謝を込めて贈るものなので、基本的にお返しは不要です。ただし、なるべくすぐに電話か手紙でお礼を伝えましょう。

大幅に品や金額を変えない

昨年贈ったものよりも明らかに見劣りがするものを贈ると、相手の気持ちを損ねてしまいます。贈り先が多くなると負担になるので、本当に大切な相手に贈るようにしましょう。

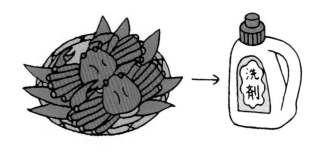

手紙を送る

贈り物をする

贈り物を渡すときには、手紙を添えるのがマナー。用件だけでなく、季節の挨拶やちょっとした近況なども書くとよいでしょう。手書きで書くと、より気持ちが伝わります。

手紙の構成
＊贈り物に添える手紙の場合

1 頭語 最初の挨拶。必ず結語とセットにして使います。

2 時候の挨拶 季節に合わせた挨拶文を書きます。

3 主文 伝えたい用件。この場合は贈り物の内容などを書きます。

4 結び 相手の健康を気遣う言葉で、手紙を締めくくりましょう。

5 結語 頭語とセットの結語を使います。

6 日付 手紙を投函した日付を書きます。

8 宛名　**7 署名（自分の名前）**

手紙例

1 拝啓
2 盛暑の候となりました。皆さまお変わりございませんか。ご無沙汰しておりまして申し訳ございません。こちらは皆元気に過ごしております。
3 無農薬で育てた夏野菜を収穫しましたので、気持ちばかりですがお送りいたします。サラダや蒸し野菜で召し上がっていただくと、自然の甘みが感じられると思います。皆さままでご賞味いただけるとうれしいです。
4 またお会いできる日を楽しみにしております。時節柄、どうぞお身体大切にお過ごしくださいませ。
5 敬具
6 令和2年7月10日
7 ○○○○○
8 ○○○○様

頭語と結語はペアになっている

頭語と結語は、会話で言う「こんにちは」「さようなら」のような挨拶のこと。状況によって、頭語と結語のペアが変わるので注意しましょう。

		頭語	結語
往信（送るとき）	ていねい	謹啓・恭啓　女性のみ　謹んで申しあげます	謹言・謹白　女性のみ　かしこ
	一般	拝啓・啓上　女性のみ　一筆申しあげます	敬具　女性のみ　かしこ
返信（返すとき）	ていねい	謹答・敬複　女性のみ　お手紙拝見いたしました	拝答　女性のみ　かしこ
	一般	拝復・復啓　女性のみ　お手紙ありがとうございました	敬具　女性のみ　かしこ

64

和封筒

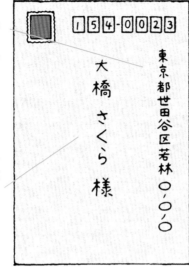

あて先
郵便番号の1cmくらい下から書き始めます。長い場合は改行します。

あて名
住所よりも大きい字で、封筒の左右中央に書きます。住所よりも1文字分下げましょう。

封
のりづけして、「〆」「封」などの封字を書きます。

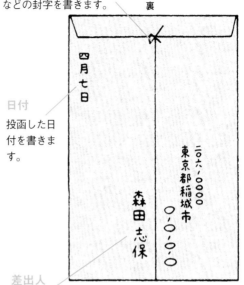

日付
投函した日付を書きます。

差出人
中央右側に住所を書き、左側に住所よりやや大きい字で名前を書きます。

洋封筒

あて先
上から3分の1くらいのところに住所を書きます。

日付
左上に算用数字で投函した日付を小さく書きます。

封
のりづけし、封字はなし、または封緘シールを。

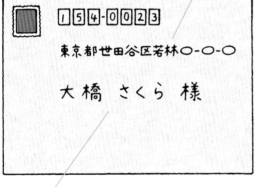

あて名
封筒の中央に、住所よりも大きめの字で書きます。

差出人
封筒の下の中央か右側に寄せて書きます。名前は住所よりも少し大きく書きましょう。

封筒の書き方

♦大人の心得

間柄に合わせて
お礼のツールを変える

お礼として最もていねいなのは手紙で、以下順に、ハガキ→メール→電話となります。ただし親しい相手や関係性によっては電話でうれしい気持ちを伝えたり、メールで喜ぶ家族の写真を送ったりするのも喜ばれるでしょう。

電話をかける

電話をかける

電話では相手の顔が見えないからこそ、話し方や声のトーンなどに気を使いましょう。相手が目の前にいるように対応することが大切です。

かける前に内容をまとめておく

相手が忙しい場合もあるので、かけてから「ちょっと待ってね」と考えをまとめるのはNG。事前に用件をメモしておきましょう。

声が聞こえる静かな場所でかける

騒がしかったり、人が多くて落ち着かなかったりする場所では、かけるのを控えましょう。相手の環境が悪くて声が聞こえにくい場合は、「お電話が少々遠いようですが」と伝えましょう。

聞き取りやすい声を出す

声しか手がかりがないため、声の出し方に気配りを。ゆっくりと大きめの声で、はきはきと話しましょう。

迷惑ではない時間帯にかける

朝8時前や夜の9時以降と食事時は、緊急電話以外はかけるのを避けます。相手の生活に合わせて、仕事中なども避けましょう。

教えて！ Q&A

Q 長電話を打ち切りたいときは？

「ごめんなさい、これから出かけないといけなくて」とやんわりと伝えましょう。最初から長電話になることが予想できるときは、「〇分には出かけないといけないのですが、それまででも大丈夫でしょうか？」などと先に伝えましょう。

Q 来客中に電話に出るときは？

お客様に「ちょっと失礼します」と伝えて、できれば部屋を出て電話に出ます。電話の相手には、「今ちょっとお客様がいらしていて。お急ぎの用でしょうか？（あとでかけ直してもよろしいでしょうか？）」などとお断りをします。

状況に合わせてひと言添える

はじめて電話をかけるときや、夜分にやむを得ずかける場合など、シチュエーションに合わせて失礼のない言い回しを心がけましょう。

📞 はじめてかける

「○○と申しますが、
△△さんの
お宅でしょうか」

➡ まず自分が名乗ってから、相手を確認しましょう。そのあとは「いま大丈夫でしょうか」「少し話が長くなりますが」などと切り出して都合を聞きます。

📞 折り返す

「先ほどは
電話に出られず
申し訳ありません」

➡ なるべく早く折り返し、最初にお詫びのひと言を。

📞 夜分にかける

「夜分遅くに
失礼いたします」

➡ やむを得ないときは必ず「朝早く申し訳ありません」「お食事時にすみません」などのクッション言葉を。

📞 留守電のとき

「こちらから
またかけ直します」

➡ 無言で切らずに名前を告げてひと言メッセージを。お礼やお詫びの場合は必ずこちらからかけ直します。

夜分にすみません…

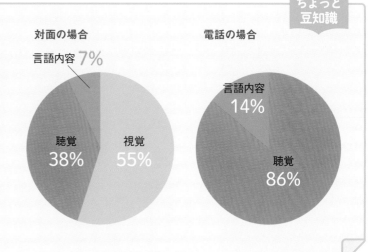

ちょっと豆知識

電話の印象はほぼ聴覚で決まる！

相手の第一印象が決まる要因を調べると、対面の場合は服装、姿勢、おじぎ、表情、目線などの「視覚」が55%を占めます。しかし視覚に頼れない電話では、声のトーン、大きさ、スピードなどの「聴覚」が86%を占めました。電話では声と話し方が相手に強い印象を与えるのです。

対面の場合

言語内容7%
聴覚38%
視覚55%

電話の場合

言語内容14%
聴覚86%

SNSを使う

最近はLINEなどのSNSといわれるツールを使ったやりとりが盛んです。使い方がわからないとトラブルにつながりやすいので、詳しい人に設定をしてもらいましょう。

SNSとは

インターネット上で交流ができるサービス

SNSとは「ソーシャル・ネットワーキング・サービス」の略。自分の情報を公開することで、同じ趣味や目的を持つ仲間と交流しやすくなります。メールのように1対1のやりとりだけではなく、グループを作って複数人で同時にやりとりができます。

投稿するとき

自分の思いを簡単に投稿できるのがSNSの魅力ですが、その投稿が知らない間に全世界に広まってしまうこともあります。身内の話や暴露話など人に読まれては困るようなプライベートな話は書き込まないように。また、だれかの投稿を、真偽を確かめずに拡散することもやめましょう。

返信するとき

自分の投稿だけでなく、だれかの投稿につけたコメントや、自分の投稿に対する返信も、第三者が見ることができます。個人が特定されるようなことは書かないように注意します。悪意がないつもりでも批判的なコメントは、だれかを怒らせるかもしれないので、控えたほうがいいでしょう。

画像を投稿するとき

画像を投稿するのは楽しいものですが、一度投稿するとネット上に出回ってしまうため、完全に削除することはできないので注意が必要です。そのときの気持ちで投稿するのではなく、一度落ち着いて確認しましょう。

料理の写真を撮るときは、お店の人に撮影OKか確認を。

人の写真を投稿するときは、子どもや孫、親しい友人でも必ず本人や親に確認します。

LINE やショートメールなどは送りやすく、とても便利ですが、メールと同じように相手への気遣いをもって、マナーを守って安全に使いましょう。

送信時間に気を付けて早めの返信を

送信先はよく確認！
一度送ってしまうと、取り消すことができない場合も。送る前に再度確認しましょう。

スタンプを乱用しない
スタンプ機能は、メッセージを簡潔に伝えたいときに便利ですが、目上の人には失礼に当たることも。相手に合わせて使いましょう。

細田緑

今度の会食で食べたいものはありますか？　17:35

既読 17:50　なんでも楽しみだけど、和食がいいです。

和食ですね！気になる店などリクエストあったら教えて下さい！　18:00

あと、アレルギーの有無もお願いします。　18:15

既読 19:00　わかりました！明日また考えて送りますね！

ありがとう

早めに返信する
自分が相手のメッセージを読んだことが伝わるため、できるだけ早めに返信しましょう。

送る時間に気を付ける
パソコンではなくスマホで見ている人が多いので、早朝や深夜に送るのは避けましょう。

内容は簡潔に
だらだらと長い文章を送ると読みづらいことも。要点をまとめて簡潔に。

✕ 複雑な内容は短い文章だけだと誤解を招くことがあるので、対面や電話でフォローを。

✕ 第三者に見られる恐れがあるため、個人情報のやりとりは避けましょう。

教えて！ Q&A

Q 知らない人から友達申請が届いたら？
会ったことのない人からの友達申請は無視しましょう。もしもうっかり承認してしまったときは、ブロック設定をしてください。

Q グループの中で特定の人にしかわからない話題をしてもいい？
自分と関係のない話題が続くと、わずらわしく感じます。特定の話題をするときは、個別にやりとりをしましょう。

失礼のない年賀状じまい

「相手との関係をやめる」という意味ではありません。失礼のない言葉を選び、SNSやメールなど、今後の連絡先も忘れずに。

対面で伝える

普段、会う人なら直接伝える方法もあります。誤解を避けることができ疎遠になることもないでしょう。相手が年賀状を準備する前に伝えるようにします。

来年から出さない旨を書いておく

今年送る年賀状に、年賀状じまいをすることを書いておけば、あなたが年賀状をやりとりしている全員に伝えられます。

このところ字を書くのが大変になってきたので…

寒中見舞いで

年賀状ではなく、寒中見舞いで返事をしつつ、そこに年賀状じまいをした旨を書いておく方法もあります。

LINE 等で年賀の挨拶をする

新年の挨拶をLINE等で送り、そこに年賀状をやめた旨を書いておきます。しかし、相手が年賀状をくれた場合は、失礼に当たるかもしれないので注意が必要です。

何も言わずにやめる

親しい間柄ではなく年賀状だけの交流であれば、何も言わずにやめても問題はないでしょう。ただし、顔を合わせることがある場合は気まずい思いをします。関係性を考えることが大切。

年賀状じまいの例文

あけましておめでとうございます
旧年中はたいへんお世話になり、ありがとうございました。
じつは、高齢になり、このところ文字を書くのが大変になってまいりました。
誠に勝手ながら、年賀状は今年限りで失礼させていただきたいと思います。
今後はお電話などでやりとりさせていただけますと嬉しいです。
本年もよろしくお願い申し上げます。

※縦書きの場合、句読点はとりましょう。古くから「筆で書くかしこまった文章には句読点は使わない」というマナーがあります。

知っておきたい
こんなときのマナー

「近所の人から怒られた！」「お隣さんに文句をいいたい」「菓子折りをもって謝罪に行く」等、日々の生活のなかでは思わぬ場面で思わぬマナーが必要になることも。いざというときに調べる時間があるとは限りません。いまのうちに身に付けておきましょう。

ご近所にクレームを言われたときの対処法

身に覚えがなくても、即拒絶すると相手の怒りが増します。小さなことでも、人それぞれ感じ方は違うということを忘れなければ、うまく対処できるはずです。

2

事実確認をしましょう。本当なら改めてきちんと謝罪します。原因が子どものときは、子どもが嘘をつくこともあるので、さりげなく聞き出します。誤認でも、「言いがかりだった！」と強く出てしまうと、また別のトラブルになりますので冷静に伝えましょう。

1

うちが原因だとしたら…

相手の気持ちを静めるため、まずは相手が不快に感じた気持ちに対してのみ謝罪します。（例：「うちが原因だとしたら、ご不快な思いをさせて申し訳ありません。子どもが戻ったら確認して、〇日に改めて伺います」）

その場で誠心誠意謝りましょう。ただ謝るだけでは、また同じことが起こるのでは……と思われますので、原因と対策についてもしっかり説明します。その後、あらためて相手宅に伺うときは菓子折りも用意すべきです（謝罪時のマナーは74頁）。

POINT

相手が喧嘩腰だったときの対応策

相手が掴みかかってきそうなら、自分に原因があっても警察を呼んでかまいません。怒鳴り続けるようなときは、立ったままだと興奮が収まらないので、人の目があるファミレスなどに場所を変えて。玄関先から動けないなら、座布団を持ってきて、座ってもらいましょう。

これからは…

72

ご近所にクレームを伝えるときのコツ

自分だけの基準で考えていないか、自分に落ち度はないか、正当性があるかを考えてから行いましょう。

親しい相手の場合

まずは、クレームという形をとらずに、やんわりと迷惑を被っていることを伝えます。「お宅がうるさいです」ではなく、「〇時ごろに、お宅の方から大きな音がしたけど大丈夫？　うちも子どもが起きちゃって……」と言い換えましょう。ストレートに伝えるときも、「大きな音は〇時くらいまでにしてくれると助かるな」といった具合に、できるだけ軽い調子で。

親しくない相手の場合

直接クレームを言うのは禁物、1対1だと相手に恨まれて深刻なトラブルになる可能性もあります。かといって、メモや手紙は非難する印象が強くなるので、これも注意が必要です。基本的に、誰かに間に入ってもらうようにしましょう。自治会、大家さん、管理会社などに相談し、個人対個人ではなく、地域全体の問題として解決を図ります。

POINT

クレームになる前の、ご近所トラブル防止策

1. 笑顔と挨拶を心がける

挨拶をし合えるような間柄なら、深刻なクレームに発展することは滅多にありません。何かあっても「友好的な注意」で済みます。日頃から、周りの人にプラスの感情を与える人になれるよう努めましょう。

2. 井戸端会議は短時間で切り上げる

井戸端会議は長時間になると話題が悪口になりがち。うかつに相づちを打っただけでも悪口と捉えられます。また、井戸端会議での不用意なひと言をきっかけに孤立することもあります。とはいえ、まったく参加しないと愛想が悪いと思われるので短い時間だけ加わります。

3. 地区の行事に参加する

井戸端会議を淡白に済ませるなら、行事には積極的に参加します。ゴミ拾いなどにも参加しておけば評判が落ちることはありません。

お詫びの仕方

深刻なご近所トラブル、地域の役での大失敗、仕事のミス、どんな問題も謝り方ひとつで解決に大きく近づくもの。マナーを押さえて臨みましょう。

1 まずは電話で謝る

相手とコンタクトできていない状況なら、まずは電話で。「電話じゃなくて直接来るのが筋だろう」としかられるかもしれませんが、少しでも早く謝意を伝えるべきです。いいわけはせず、自分に非があることを認めましょう。

2 アポイントをとる

本気で怒っている相手に会いに行くのは嫌なものですが、対面ですと誠意が伝わりやすいので、大抵の場合はこれが一番の解決の近道です。（アポイントすら取れない、出向いても対応してもらえないときは、まず、お詫び状をポストにいれるのがよいでしょう）

3 服装

男性は暗めのスーツに白いシャツ、ネクタイは地味なものを。女性もスーツがよいでしょう。スーツがないときは、色を抑えた服装で。

4 手土産

手土産ナシだと「手ぶらで来たのか！」と言われるかもしれません。かといって、持っていけば「これで済まそうという気か！」となることも。ひとまず購入し、カバンのなかに潜ませておけば臨機応変に対応できます。

5 立って待つ

家の中や会議室に通されても、相手に促されるまでは座らないのが無難です。上座に案内されたとしても、断って扉の近くで待ちます。

74

出されたお茶は飲まない

NG!

基本的に飲まないようにします。謝罪のさいは喉が渇くものですから、あらかじめ水分を取っておきましょう。

45度

6 まずは謝罪

対面で謝罪する際に、あまりに深く頭を下げると逆に相手を苛立たせる可能性があります。45度程度の角度で頭を下げるのが無難でしょう。少し間を置いて頭を上げて、謝罪の言葉を伝え、もう一度頭を下げます。

7 視線の向け方

基本的に目は伏せておきますが、視線を合わせれば謝罪の気持ちは伝わりやすいもの。相手の胸元あたりに視線を置き、機会があれば目線を上げます。

POINT

お詫びに失敗したときは

お詫びがうまくいかなかった場合、相手の怒りはさらに掻き立てられているはずです。こうしたときは第三者に入ってもらいましょう。地域の有力者、業界の有力者、自治会、学校、警察、弁護士……。第三者が入れば、相手も冷静になるはずです。

8 時間の目安と手土産の渡し方

相手の怒りが収まるまでは何時間でも粘る気持ちが必要です。話がひと通り終わったなら、「こちらお詫びのしるしに……」とカバンから取り出します。受け取ってもらえれば、解決に近づいた証です。受け取ってもらえなければ、まだまだ対応が必要です。

角の立たない断り方

マイナスイメージを持たれづらい「役の断り方」を押さえておけば、その後のお付き合いに支障をきたす危険がグッと減ります。

💬 時期を延ばす

2年後なら…

役が嫌で逃げ回っている、と思われるのはいちばん避けたいところ。「いまは仕事で（通院で・介護で）忙しいので、2〜3年後にお願いできませんか？」と伝えれば、相手にとっては、将来的に役に付いてくれるという見通しも立つので、角が立ちません。時期が来たら、できる限り引き受ける努力をしましょう。

💬 相談する

みんなのために働きたいという気持ちはあるのだけれど……と、前置きして自分の事情を素直に相談しましょう。そして、「さすがに、これは無理だね」と相手にいってもらうのです。断るという否定的な行為を避けられます。相手が引かない場合は時期を延ばしてもらいましょう。

さすがにその状況じゃあね

引きうけたいんだけど…

💬 根回しをする

ワシにまかせろ

じぶんはどうすれば…

依頼されたポストが責任あるものだったときは、容易には断れません。そんなときは影響力のあるポジションにいる人に話をしてみましょう。

病気になっちゃって〜

役決めの日は用事があって〜

引きうけるわけないでしょ〜

嘘にならない形で

嘘だとばれて信用が傷つく心配がありませんし、後ろめたさも感じずに済みます。

役決めの会合にはきちんと出る

「逃げ回っている人」というイメージがつかないよう心がけるのが吉!

誠意を持って、ていねいに

断りたいと思うあまり、ひややかな態度にならないように気を付けて。

安易に「脱退」しない

役につくのが嫌で、脱会という選択肢をとる方がいます。しかし、これは本当に最後の手段だと捉えておくべきです。脱会しなければ、何かのタイミングでその会にお世話になることもできますし、ご近所付き合いに影響が出ることも避けられます。

NG!

やめま〜す

✦ おとなの心得

引き受けうけるけれど、条件をつける

新しい人との出会いや知見を得て、成長できる機会になることも!

あなたに役が回ってきたということは、他のみなも嫌がっているということです。誰かがするしかないのですから、思い切って引き受けるのも一つの手です。ただし、そのさいはうまくできなくても仕方がないことを、周りに了承してもらってからにしましょう。病気などの事情があるなら、場合によってはやめることを文書にしても。

神社・お寺の参拝の作法

参拝の作法が世間に浸透したのは比較的最近。場所によっては異なる作法を推奨していますが、敬意を忘れず想いを込めて参拝することがたいせつなのはどこも同じです。

神社編

1 鳥居をくぐるとき

神域と一般社会の境目であるため、軽く一礼してくぐるのがていねいだといわれています。

2 参道の歩き方

中央は避けて歩くのが、神様への敬意だといわれます。

3 手水の仕方

※神社によっては、コロナ禍を契機に手水の作法を簡略化したところも

①一礼する
②右手で柄杓(ひしゃく)の柄を持ち、まず左手を洗う
③柄杓を持ち替えて右手を洗う
④また右手に柄杓を持ち、左手に水をため、その水で口をすすぐ
⑤もういちど左手を洗う
⑥柄杓を両手で立てて柄の部分を洗ってから元の位置に戻す
⑦最後にもう一度一礼して終わる

お寺編

1 山門をくぐるとき

境内と俗世の境目であるため、手を合わせ一礼してからくぐります。くぐるさいは敷居を踏まないよう気を付けます。

5

二礼二拍手一礼

①深い礼を二回します（二礼）
②胸の高さで両手を合わせ、
　二回拍手します（二拍）
③もう一度深い礼を
　します（一礼）

4

賽銭箱の前に立ったら

軽く一礼してから社の前に進み、賽銭箱にお賽銭を入れます。鈴があれば、お賽銭のあとで鳴らします。

6

帰りに鳥居をくぐるとき

軽く一礼するのがていねいだといわれています。

4

帰りに山門をくぐるとき

手を合わせ本堂に一礼するのがていねいだとされています。

3

お賽銭と祈願

賽銭箱にお金を入れて、手を合わせて祈願し、終わったら一礼します。神社の二礼二拍手一礼はお寺ではNGです。とくに拍手は打たないよう注意しましょう。

2

手水・常香炉

手水の仕方は基本的に神社と同じです。常香炉があればお線香を備えて煙を受けます。線香の火を消すときは、息を吹きかけるのではなく手で風を起こして消します。

●監修

尾形圭子

株式会社ヒューマンディスカバリー代表取締役/戦略的マナー講師／キャリアコンサルタント／僧侶

航空会社にて接遇の精神と技術を身につける。その後、大手書店での人材育成や店舗販売部門を経験し、2000年に独立。「航空会社からマナー講師へ」というバックグラウンドだけでは実現できない、現場感覚を生かした実践的な研修・コンサルティングを展開中。主な著書に『一生使える「電話のマナー」』（大和出版）、『イラッとされないビジネスマナー社会常識の正解』（サンクチュアリ出版）、『大人かわいい女性の話しかた&マナー』（日本文芸社）ほか多数。

●スタッフ

装丁	宮坂佳枝
デザイン	宮坂佳枝　ニシ工芸株式会社（田中久雄）
デザイン協力	鷹觜麻衣子
イラスト	さいとうあずみ
編集協力	後藤加奈
編集／執筆協力	岡未来
校正	ペーパーハウス

いざというときに困らない
すぐに役立つ大人のマナーブック

2024年3月20日　第1刷発行

監修者　尾形圭子
発行者　木下春雄
発行所　一般社団法人　家の光協会
　　　　〒162-8448　東京都新宿区市谷船河原町11
　　　　電話　03-3266-9029（販売）
　　　　　　　03-3266-9028（編集）
　　　　振替　00150-1-4724
印刷・製本　図書印刷株式会社

ⓒIE-NO-HIKARI Association 2024 Printed in Japan
ISBN 978-4-259-56793-4 C0077